从脱贫攻坚到乡村振兴的嵌入机制研究

穆军全 著

教育部人文社会科学研究一般项目“嵌入与协同：国家自主性视域下精准扶贫的嵌入机制间关系研究”（18YJC810004）

图书在版编目（CIP）数据

从脱贫攻坚到乡村振兴的嵌入机制研究 / 穆军全著
. -- 天津 : 天津大学出版社 , 2023.8
ISBN 978-7-5618-7527-8

Ⅰ . ①从… Ⅱ . ①穆… Ⅲ . ①扶贫－研究－中国
Ⅳ . ① F126

中国国家版本馆 CIP 数据核字 (2023) 第 118633 号

CONG TUOPIN GONGJIAN DAO XIANGCUN
ZHENXING DE QIANRU JIZHI YANJIU

出版发行	天津大学出版社
地　　址	天津市卫津路 92 号天津大学内（邮编：300072）
电　　话	发行部：022-27403647
网　　址	www.tjupress.com.cn
印　　刷	北京虎彩文化传播有限公司
经　　销	全国各地新华书店
开　　本	787mm×1092mm　1/16
印　　张	7.75
字　　数	203 千
版　　次	2023 年 8 月第 1 版
印　　次	2023 年 8 月第 1 次
定　　价	31.00 元

目　录

导 论①

党的十八大以来，中国的贫困治理取得举世瞩目的成就，脱贫攻坚战取得了全面胜利。扶贫贵在精准发力，通过对改革开放以来我国农村扶贫政策变迁的内在逻辑和现实运行过程的深入研究发现，目标瞄准偏离是我国农村扶贫政策变迁中面临的主要难题。本书在文献分析和实地调研的基础上发现我国精准扶贫政策运行中形成了组织动员、干部驻村和项目下乡这三种嵌入机制。从国家自主性的理论视角，对上述三种嵌入机制在脱贫攻坚战略实施中的运行过程进行深入分析有助于探究中国特色减贫道路取得成功的内在机理。在嵌入式国家自主性理论原则的指导下，探寻我国精准扶贫过程中的中央与地方政府之间的纵向关系、扶贫政策落实中政府与企业之间的权责关系，扶贫政策执行过程中政府顶层设计与基层民众参与之间的互动关系的合理机制，对于脱贫攻坚和乡村振兴的有效衔接具有很好的启示作用。

一、背景与问题

目标瞄准偏离是我国农村扶贫政策变迁中面临的主要难题。党的十九大报告中提出："坚决打赢脱贫攻坚战。让贫困人口和贫困地区同全国一道进入全面小康社会是我们党的庄严承诺。"

（一）本书研究的理论和实际应用价值

1. 本书研究的理论价值

国家自主性理论在中国国家治理各个层面的细化应用是当前学术研究的薄弱点和未来国家自主性理论研究学术增长点。本书研究的理论贡献不仅仅在于强调了精准扶贫政策研究领域要引入国家自主性，而更重要的在于强调对国家自主性的认识和理解需要更重视运用国家与社会互动、互构的嵌入式视角。嵌入式国家自主性的机制设计体现在国家治理过程中的制度建构、组织运行、议题设定、政策设计以及日常的政治过程的每一个环节。嵌入式国家自主性的理论运用到中国特色的政策运行过程可以让国家理论研究者清晰地认识国家与社会关系，即"社会中的国家"。国家与社会结盟并不会导致社会力量削弱和"掠夺性国家"，而是在互动中共同增进各自的公共性。这些创新性的理论研究将有助于我们更清楚地认识中国特色的政治生活与实践，从而为建构更加科学的国家理论提供鲜活的素材。

2. 本书研究的实际应用价值

扶贫目标瞄准性偏离问题的本质是扶贫资源的合理有效投放、分配正义问题，这是精准

---

① 本书中导论部分的内容发表在西北农林科技大学学报（社会科学版）2018年第3期。此次出版时有部分修改。

扶贫政策落实过程中面临的核心问题。学界同人对精准扶贫的研究主要运用国家与社会关系、国家—基层政府—乡村社会之间关系和乡村治理主体之间的关系等分析框架。然而,运用国家自主性理论进行分析更能接近问题产生的根源。扶贫资源是国家公共财政的一部分,精准扶贫作为一种特定的贫困治理方式不仅仅是特定国家政策运行过程中不同主体间利益博弈的过程,而且是国家通过政策落实提升自主性,实现国家利益、彰显国家公共性的过程。本书在前人研究基础上进一步提出运用嵌入式国家自主性理论分析和解决扶贫资源分配中机制失调导致的瞄准性偏差问题。同时,通过精选的个案研究为人们全景展现精准扶贫政策过程中的机制间关系失调情景以及由此导致的扶贫瞄准性偏离后果,最终试图提出解决瞄准性偏离问题的有效对策。

(二)国内外研究的现状和趋势

1. 精准扶贫相关研究成果

关于精准扶贫的研究主要分为以下两个层面。

其一,对策类研究成果。这类成果主要从"问题对策"维度探讨精准扶贫"最后一公里"的偏差,即瞄准性偏离问题产生的原因,寻求解决瞄准性偏离的机制和对策。靳永翥和丁照攀从贵州省金沙县的扶贫治理经验总结出政府、市场和社会多元协同的扶贫机制①。陈成文和吴军民指出了扶贫资源分配困境产生的三种机制"权力 - 效率机制""政治 - 合法性机制"和"信息 - 网络机制"②。王雨磊从精准扶贫瞄准贫困村、瞄准贫困户、贫困户核查的三重对焦机制的分析中寻找问题产生的原因并以此寻求解决问题的对策③。汪磊等以精准扶贫和大数据之间的耦合性为研究视角,构建精准扶贫大数据管理平台,试图消除或减少扶贫机制中的信息不对称④。陆益龙从精准扶贫与乡村振兴战略的关系视角提出,精准扶贫是乡村振兴的前提和总要组成部分,精准扶贫政策目标的实现需要在乡村振兴的大背景下进行长效机制建设⑤。袁明宝以精准扶贫和基层治理的互动关联为核心问题,提出精准扶贫政策执行中扶贫吸纳治理的困境和解决问题的办法⑥。李卉和高正礼以习近平在扶贫工作中关于村党支部功能重要论述为理论基础,论述农村党支部在精准扶贫过程中的功能定位⑦。徐明强和许汉泽认为精准扶贫和基层党建之间相互嵌套形成的新型耦合秩序是农村基层治理的发展趋向⑧。何得桂从政策执行的政治势能、有效激发脱贫的内生动力等内在逻辑和机制的

① 靳永翥,丁照攀.贫困地区多元协同扶贫机制构建及实现路径研究基于社会资本的理论视角 [J]. 探索,2016(6):78-86.

② 陈成文,吴军民.从"内卷化"困境看精准扶贫资源配置的政策调整 [J]. 甘肃社会科学 .2017(2):112-117.

③ 王雨磊.精准扶贫何以"瞄不准"?扶贫政策落地的三重对焦 [J]. 国家行政学院学报 .2017(1):88-93.

④ 汪磊,许鹿,汪霞,等.大数据驱动下精准扶贫运行机制的耦合性分析及其机制创新基于贵州、甘肃的案例 [J]. 公共管理学报 .2017(3):135-143.

⑤ 陆益龙.乡村振兴中精准扶贫的长效机制 [J]. 甘肃社会科学 ,2018 (4):28-35.

⑥ 袁明宝.扶贫吸纳治理:精准扶贫政策执行中的悬浮与基层治理困境 [J]. 南京农业大学学报(社会科学版),2018,18(3):57-64.

⑦ 李卉,高正礼.精准扶贫中村党支部功能的理论思考与实证考察 [J]. 中国特色社会主义研究 ,2018 (4):102-108.

⑧ 徐明强,许汉泽.新耦合治理:精准扶贫与基层党建的双重推进 [J]. 西北农林科技大学学报(社会科学版),2018 (3):82-89.

特色分析出发，总结中国贫困治理的显著优势和实践特点①。

其二，阐释类研究成果。这类成果着重从政治过程层面，用不同的理论解释精准扶贫的实践困境，试图建构中国本土化的解释框架。贺海波从国家能力的视角分析陕西省M县精准扶贫中国家治理能力的三种样态：国家内部的统领能力、国家对社会的认证与规管能力、国家的再分配能力与整合能力②。吕方和梅琳从中国农村发展和转型的历史语境来审视精准扶贫，着力构建中国国家贫困治理体系③。黄爱教从促进和保障人权的三维诉求：消除贫困、发展权利和幸福权利来分析精准扶贫的价值合理性和现实阻力④。杨帆和庄天慧从社会发展的整体思路出发，构建了一个“资源、技术、制度和文化”两两互动、四位一体的精准扶贫分析框架⑤。

现在社会治理领域有一个值得关注的现象，即当社会治理层面出现一些矛盾和冲突时，相关研究领域的专家马上回应，力求提出科学合理、行之有效的解决办法。当所谓“对症下药”的办法付诸实施时，新的问题又接连出现，层出不穷。产生这一现象的主要原因可能是人们忙于解决表层社会问题，而忽略了由社会问题到政策问题的建构过程中技术异化的现象。在精准扶贫的实践问题及相关瞄准偏差研究中，技术研究进路将问题域锁定在“偏差产生机制和构建何种瞄准机制”的范围内，这种研究路径为贫困治理作出巨大贡献，然而其本身存在一定的局限性。技术化瞄准机制简约化和通用性的理性要求与社会环境复杂多变的现实运行状态之间的矛盾决定了技术化的机制设计不可能完全解决扶贫政策瞄准偏离的问题⑥。本书结合以上两种研究思路的方法和长处，针对对策性研究的局限，从政治过程视角阐释精准扶贫过程中存在的机制间失调问题，并试图提出解决问题的建议。

2. 国家自主性相关理论研究成果

20世纪70年代中后期到20世纪80年代，西方比较社会科学研究领域兴起了一个新的学术流派——“回归国家学派”。其主要代表人物有西达·斯考切波、诺德林格、迈克尔·曼、彼得·埃文斯、乔尔·S.米格代尔等。这些学者观点的共同之处在于抛弃社会中心论的理论假设，坚持把国家视为独立的行动主体，强调国家为寻求长远的公共利益或其他政治目的而确立并追求一些超越社会利益集团尤其是强势利益集团利益的目标。“回归国家学派”内部的学者之间围绕国家与社会之间关系这一核心问题，对“国家自主性”的内涵也有较大的争议。以斯考切波和诺德林格为代表的“国家中心主义”理论家主要从国家相对于社会的“隔离”程度和“隔离”机制来界定和理解国家自主性。诺德林格（2010）通过对“国家、自主性作为和国家偏好”三个概念的界定与连接，得出了国家自主性的定义，“国家在将其自身偏好转换成权威行为的范围以及公共政策服从公共官员加权偏好的平行四边形程

---

① 何得桂.中国贫困治理的三维理论认知：底色、特色和亮色[J].甘肃社会科学,2020(3):100-107.

② 贺海波.精准扶贫中的国家治理能力分析：以陕西M县精准扶贫实践为例[J].社会主义研究,2016(6):102-108.

③ 吕方，梅琳.“精准扶贫”不是什么？：农村转型视阈下的中国农村贫困治理[J].新视野,2017(2):35-40.

④ 黄爱教.精准扶贫的人权诉求、社会阻力及实现路径[J].西北农林科技大学学报（社会科学版）,2017(2):18-23.

⑤ 杨帆，庄天慧.精准扶贫的理论框架与实践逻辑解析：基于社会发展模型[J].四川师范大学学报（社会科学版）,2017(2):37-43.

⑥ 李棉管.技术难题、政治过程与文化结果：“瞄准偏差”的三种研究视角及其对中国“精准扶贫”的启示[J].社会学研究,2017(1):217-241,246.

度”。相反，埃文斯、米格代尔为代表的一派则认为国家是“社会中的国家”，“国家的能力，尤其是其实行社会政策、动员民众的能力，和社会结构十分相关”。他们将“嵌入”机制作为审视国家自主性的重要抓手，更加关注国家与社会互动中的国家能力的动态变化。埃文斯（1995）提出“嵌入式自主性”（embedded autonomy）的概念。这一概念主要是以东亚发展型国家的经验（其中日本是典范）为基础。他们承认国家具有不受任何社会组织干预的自主性，但是并不认为国家必然“反对”社会，而是认为国家与社会是共生互动的关系，比较形象的说法是“在把国家找回来的同时，不把社会踢出去”。从当前的理论研究趋势来看，从国家与社会共生互动关系视角出发提出的“嵌入式自主性”观点和方法更能代表国家自主性理论未来的发展方向。国内学者关于国家自主性理论大体上也分为两个层面。其一，国家自主性理论引进、分疏和阐释的规范性研究。张勇和杨光斌（2010）梳理了国家自主性理论的发展脉络；曹海军和韩冬雪（2012）以国家能力提升为切入点梳理国家自主性理论的内在逻辑；彭勃和杨志军（2013）从发展型国家治理能力的转型与超越的视角审视国家自主性理论；庞金友（2017）以国家能力的影响机制为切入点详细梳理回归国家学派内部学术观点逻辑。肖文明（2017）用关系主义的思维从文化视角来梳理国家自主性理论的逻辑并指出未来理论的研究趋势。其二，国家自主性理论与中国问题相结合的应用性研究。王星（2011）用此理论视角来分析 1978 年以来中国“国”与“民”之间关系的演进逻辑；陈毅（2013）用此理论分析中国转型社会的国家治理有效性；李祖佩（2015）提出用这一理论视角来分析涉农项目运作过程的实践困境；郭建明（2015）用历史制度主义的方法分析我国改革开放进程中的国家自主性逻辑；陈霞和王彩波（2015）用此理论来分析中国经济发展中的地方政府治理转型问题。总体上，国家自主性理论在中国的研究现状体现为学界同人关于西方国家自主性理论流派观点的梳理、方法论的考察、观念的演进基本上已经达成共识。但是，对于国家自主性理论的应用性研究还处于起步阶段并逐步成长，国家自主性理论与中国国家治理各个领域的结合来指导或解释改革发展的各种问题等方面还有较大的学术增长空间。

从上述文献梳理来看，学界同人对精准扶贫的研究主要运用国家与社会关系、国家—基层政府—乡村社会之间关系和乡村治理主体之间的关系等分析框架。然而，扶贫资源是国家公共财政的一部分，精准扶贫作为一种特定的贫困治理方式不仅仅是特定国家政策运行过程中不同主体间利益博弈的过程，而且是国家通过政策落实提升自主性，实现国家利益、彰显国家公共性的过程。因此，扶贫资源的合理投放、分配正义问题是精准扶贫政策落实过程必然面临的核心问题之一。在国家自主性研究视域下，扶贫资源的合理有效投放、分配正义问题主要追问的是在何种程度上国家是一个自主性的实体，能够把自己的政策偏好上升为权威行动，精准落实于社会的基层政治过程。李祖佩较早地提出用国家自主性理论视角来分析涉农项目运作过程的实践困境。然而，此研究的局限性在于他只是利用国家自主性理论为涉农扶贫项目基层落实面临的困境提供一个解释的框架，而并没能用国家自主性的相关理论来解决现实问题。本书进一步提出嵌入式国家自主性的理论工具来分析和解决扶贫资源分配中机制失调导致的瞄准性偏差问题。

二、嵌入式自主与贫困治理：理论渊源和分析框架

20 世纪 70 年代中后期，西方比较社会科学研究领域兴起了一股新的“潮流”，即众多领

域的学者把目光投向国家，重新认识国家在经济发展与社会变革中的主体地位与重要作用。此后，各种思想不断交织、碰撞，最终导致在20世纪80年代形成一个新的学术流派“回归国家学派”。回归国家学派学者观点的共同之处在于坚持把国家视为独立的行动主体，强调国家自主性与国家能力。回归国家学派抛弃社会中心论的理论假设，重新把国家拉进西方社会科学研究的视野。根据其主张，国家自主性指作为在特定的领土内垄断暴力行使权的强制性组织，国家可能会为寻求长远的公共利益或其他政治目的而确立并追求一些超越社会利益集团尤其是强势利益集团利益的目标。国家自主性并非任意政府体系中的一个永恒不变的结构性特征，它受到国家与社会的关系、政治体制、国家能力等相关因素的制约。英国学者迈克尔·曼在1984年发表的《国家自主权力的起源、机制和结果》一文中提出两个层面的国家权力：专制型权力（despotic power）和基础性权力（infrastructural power）[①]。国家的专制性权力，指国家精英可以在不必与社会各集团进行例行化、制度化讨价还价的前提下自行行动的范围；国家的基础性权力，指的是国家事实上渗透社会，在其统治的领域内有效贯彻其政治决策的能力[②]。专制性权力越强的国家对社会的控制越强。然而，这并不意味着国家力量的强大，而恰恰可能是国家失败的源头。国家自主性的强弱更多依赖于国家的基础型权力。

在政府管理过程中国家基础性权力主要包含以下三个维度：第一，渗透力量，即国家进入社群并具备与民众直接互动的能力；第二，汲取力量，即国家从社会中汲取资源的能力；第三，协商力量，即政府和其他社会力量进行高度战略性和制度化合作的能力[③]。国家获得自主性之后的问题是用什么方法把自主性转化为有效的社会管理能力。彼得·埃文斯提出了“嵌入式国家自主性”理论。他指出：“在把国家找回来的同时，不把社会踢出去。”国家并不反对社会，而是国家透过各种政策网络嵌入社群，实现与社会的充分合作，以便完成事关国家长远发展的政策目标，推动社会繁荣发展。中国改革开放40多年的经验表明，基础型强的国家对于社会政策的有效执行起着强大的推进作用。

从嵌入式国家自主的视角审视精准扶贫的运行过程，可从以下三个方面着手。

首先，在组织结构层面的体制嵌入。组织结构设计的体制嵌入指的是组织中各单位之间的结构性联系，包括组织中各单位的联结方式、联结所依靠的组织运行制度的安排等[④]。在精准扶贫政策基层执行过程中，中央政策能否顺利通过层层政府组织性过滤达到基层社会，关键在于相应的组织结构保障。为了精准扶贫政策的有效落实，从中央到地方都出台了一系列的加强层级、部门之间的沟通合作的嵌入机制，构建有效的网络联系和过程，以支持信息在群体内部和群体之间的流动，从而提高扶贫政策落实的有效性。

其次，行为主体及主体间权力关系渗透。精准扶贫的真正对象是人，是贫困户。扶贫政策精准落实的关键要素不是财政支出的扶贫款项或者与其相对应的一套分配政策或程序。精准扶贫的执行主体是各级扶贫办的工作人员、驻村干部、贫困村的支部书记、村委会主任等一些掌握公共权力的“代理人”。这些代理人的素质以及代理人之间的嵌入性关系的处

① 刘昶．迈克尔·曼论国家自主性权力 [J]. 上海行政学院学报，2016(1)：76-85.

② 刘鹏．三十年来海外学者视野下的当代中国国家性及其争论述评 [J]. 社会学研究，2009(5)：189-213.

③ 琳达·维斯，约翰·M. 霍布森，琳达·魏瑟，等．国家与经济发展：一个比较历史性的分析 [M]. 黄兆辉，廖志强，译．长春：吉林出版集团有限责任公司，2009.

④ 石冠峰，林志扬．组织结构设计的嵌入性思考 [J]. 现代管理科学，2009(8)：68-70.

理是扶贫政策落实的关键要素之一。

最后，基层政府与乡村社会互嵌协商机制。协商机制是政府与社会关系互动的重要连接点，通过自上而下、由内而外的官僚组织体系，政府主导公共资源的流向与配置，实现对社会行为的有效干预；虽然乡村社会的“自治”传统和乡土逻辑一定程度上给予了乡村阻碍国家渗入的力量，但在实际公共资源再分配过程中，国家干预的时机与结构环境会影响“乡村力量”组织策略与行动偏好的选择，如抵制、合作以及依附等。作为互动的主体，不仅相互嵌入，而且深深地嵌入与其所处的结构环境之中。这不仅是因为结构环境对基层政府和乡村精英的行为有着外部性的压力，政府需要通过不断的变通和适应式的嵌入来获得合法性，而且因为基层政府精准扶贫的目标实现有赖于嵌入式的互动。基层政府通过改变政策、改变行为和改变规范等一系列适当的制度安排的方式，来影响和左右“乡村力量”的行为。

三、嵌入性理论以及精准扶贫的三种嵌入机制

嵌入性理论作为政治经济学的一个重要概念，由卡尔•波兰尼首次提出。但是在波兰尼提出此概念的较长一段时间内，他的观点并没有得到研究者们充分的认识。直到 1985 年，马克 • 格兰诺维特撰写的《经济行动和社会结构：嵌入性问题》问世，嵌入理论才真正发展起来。

1944 年，波兰尼在其出版的《大转型：我们的时代的政治与经济起源》一书中，正式提出“嵌入性”这一概念：“在近代资本主义社会出现之前，经济是嵌入在社会关系、伦理关系之中的。”[①] 他认为，社会和经济之间的关系密切，不可分割，人们的经济行为嵌入在不同的经济和非经济系统中，两者属于嵌入性关系。波兰尼指出，市场经济必须嵌入社会才能维持正常的经济秩序，在 19 世纪前，经济是嵌入社会关系中的。同时，相对于“嵌入”的概念，波兰尼还提出了“脱嵌”的概念。但是他的理论并未得到学界的太多关注。

马克 • 格兰诺维特是继波兰尼之后，对嵌入性理论发展贡献最大的社会学家。1985 年，格兰诺维特在《美国社会杂志》发表了《经济行动和社会结构：嵌入性问题》一文，提出了“经济行为嵌入于社会结构”观点，格兰诺维特认为人的经济行动是嵌入在当下具体社会关系中的，嵌入性是经济行动、行动结果和制度都受到行动者的个人关系和关系总体网络结构的影响[②]。格兰诺维特指出，经济活动的过程应该被视为人际的互动，不仅所有的经济行为嵌入了不同的社会关系中，其他的社会行为也都是嵌入于关系网络之中的。在随后的研究中，格兰诺维特进一步将“嵌入”分为关系性嵌入和结构性嵌入。关系型嵌入是指单个行动者的经济行动是嵌入于他与他人互动所形成的关系网络之中的当下的人际关系网络。即交往中的某些因素，如各种规则性的期望、对相互赞同的渴求、互惠性原则都会对行为者的经济决策与行动产生重要的影响；结构性嵌入是指行动者及其所在的网络是嵌入于由其构成的社会结构之中，受到自己社会结构的文化、价值因素的影响[③]。

其他学者也对嵌入性理论进行了丰富和发展，祖京和迪马吉奥认为有四种嵌入方式，分

---

① 卡尔•波兰尼 . 大转型 [M] 冯钢，刘阳，译 . 北京：当代世界出版社 ,2019.

② GRANOVETTER M .Economic Action and Social Structure：The Problem of Embeddedness[J].American Journal Sociology，1985(3):481-510 .

③ 林竞君 . 网络、嵌入性与集群生命周期研究 [D]. 上海：复旦大学 ,2005.

别为结构嵌入、认知嵌入、文化嵌入和政治嵌入[①]。认知嵌入，指思维过程的结构性规律对经济理性构成限制，不论是个人还是组织行动者，运用理性的能力都是有限的；文化嵌入，指共享的集体理解在形塑经济策略和目标上的作用；结构嵌入，指经济交易受到当下的人际关系情境的影响，经济行动与策略产生于特定的人际关系情境之中；政治嵌入，涉及经济行动者和非市场制度的权力斗争，形塑经济制度和决策模式，如制度与权力对经济行为策略的影响与塑造[②]。

国家的意愿源于国内民众意愿的集合。国家自主性指的是国家撇开一些特殊利益集团的游说和阻力，回应民众利益需求，追求和贯彻“自己”意愿的能力[③]。在精准扶贫政策过程中，国家通过嵌入性机制设计来确保扶贫资源的精准、公平分配。

（一）组织动员机制

为顺利完成扶贫攻坚任务，国家设立了扶贫小组与日常行政机构互嵌合作的高度动员式组织网络。

第一，严格组织层级扶贫目标任务责任制。从 1996 年开始，中央政府决定各项扶贫资金下达到各省（区）市，实行扶贫资金、权力、任务、责任“四个到省（区）市”。为应对精准扶贫的战略部署要求，2015 年底中央召开扶贫开发工作会议，要求贫困情况严重的省（自治区、直辖市）政府签订脱贫攻坚责任书、立下军令状。2016 年 2 月中共中央办公厅、国务院办公厅出台《省级党委和政府扶贫开发工作成效考核办法》，进一步加大扶贫工作考核力度。第二，横纵联合的组织嵌套机制。在纵向组织层级看，从中央政府到各级地方政府，建立了一个上下对口、整体联动、人员稳定、职责专属的庞大扶贫机构和人员，即从国务院到省、市、县设扶贫办公室，乡镇设扶贫专干。从横向组织间协调机制看，从中央到地方各级政府都建立由主要领导带头管理的跨部门扶贫开发领导小组。各层级的扶贫开发领导小组主要负责组织调查研究，拟定扶贫地区经济开发的方针、政策和规划，协调解决开发建设中的重要问题，督促、检查和总结交流经验。这种议事协调机制与科层制相互嵌入合作的组织结构充分保障了精准扶贫政策落实所需的资金、人员、机构等物质基础。在此机制运行下，我国扶贫领域取得举世瞩目的成就。

（二）干部驻村机制

根据《关于做好新一轮中央、国家机关和有关单位定点扶贫工作的通知》（国开办发〔2012〕78 号）和中共中央组织部、中央农村工作领导小组、国务院扶贫办《关于做好选派机关优秀干部到村任第一书记工作的通知》（组通字〔2015〕24 号）等相关文件精神，各地积极选拔优秀党员干部驻村扶贫。截至 2015 年，全国各地大约向贫困村派驻 12.79 万个工作队，干部 48 万人[④]。这就形成了干部下乡，与村组干部相互配合推进精准扶贫的嵌入机制。具体表现在以下三个层面。

---

① ZUKIN S, DIMAGGIO P. Structures of Capital: The Social Organization of the Economy: Introduction[J]. Structures of Capital: The Social Organization of the Economy, 1990(2): 1-36.

② 唐兴军 . 嵌入性治理：国家与社会关系视阈下的行业协会研究 [D]. 上海：华东师范大学 ,2016.

③ 卡波拉索，莱文 . 政治经济学理论 [M]. 刘骥 等，译 . 江苏人民出版社，2009，244.

④ 陈诺 . 全国驻村帮扶工作队基本实现对贫困村的全覆盖 [EB/OL].[2015-10-21]. http://news.xinhuanet.com/politics/2015-10/21/c_1116897176.htm.

第一，理念方法嵌入。“驻村书记”大多是从各级机关中遴选的优秀年轻干部，其中不乏农村工作经验丰富、涉农专业技术特长鲜明的优秀人才。他们融入和指导农村治理，能激活陈旧保守的农村“两委”组织的工作热情，给乡村治理带来新的理念、思路和方法。第二，权力关系嵌入。驻村书记与村“两委”之间是指导与被指导的关系。驻村第一书记进村后，对村集体的党建、扶贫以及日常各项工作起到监督和指导作用。如在精准扶贫政策实施中，贫困户识别和建档立卡是核心环节。第一书记到任后，要对村里现有的贫困户进行摸底排查，以便排除一些不符合标准的所谓“贫困户”。第三，稀缺资源嵌入。借助派出单位的支持，“驻村书记”在乡村基础设施建设和发展新型产业方面给予村庄很多支持。尤其是市委、市政府、财政局、发改委等派出的干部受到村里干部群众的青睐。对于村干部和村民来说，“驻村书记”是“特派员”，拥有很多政治资源，可以帮助农村申请到更多更好的扶贫项目。驻村机制的初衷在于通过政党权力的进一步嵌入，加强农村基层组织建设、解决农村“软、散、乱、穷”等突出问题。在具体运行过程中取得了巨大的成效。

（三）项目下乡机制

项目制作为一种自上而下的公共资源配置方式从20世纪90年代中期分税制以来逐步推广，最终溢出财政领域成为国家治理和贯彻落实中央政策的一种重要机制①。相较于传统的科层制资源分配方式，项目制的突出优势在于其工具理性突出，具备明确的专项目标、清晰的预算结构、严格的过程管理和审计监督，能更大程度上确保资源投放的高效和精准。2001年中央召开第三次扶贫工作会议，颁布了《中国农村扶贫开发纲要》，党和国家决策层更加重视扶贫开发工作，大量的扶贫资金以各种项目的名义投放到贫困地区的基础设施建设（如道路、基本农田建设、小型水利工程）和农村基础教育、医疗卫生等农村基本公共物品供给领域。在扶贫项目运作过程中，中央和上级政府对贫困地区的治理和管控实现了由科层式逻辑向市场式逻辑的转变。在扶贫项目运行过程中，通过专项目标设定、村庄自愿申请、招投标立项、项目监管、考核评估等环节，上级政府对村庄实行嵌入式管理。主要嵌入机制包括：第一，市场嵌入机制。项目制的运行逻辑是上级政府通过设立项目，下级政府申请项目获得财政转移资金来搞地方建设。与以往的行政指令性分配方式不同，项目制通过自上而下的资源配置与自下而上的资源争取相结合，将市场竞争机制引入到扶贫资源的投放过程，提升资源的效率；第二，技术理性嵌入机制。扶贫项目运行过程是财政资源按照中央要求向基层配置的过程，同时也是中央和上级政府对基层进行技术控制和监管的过程。中央或上级政府通过“项目”发包、打包、抓包的技术方式对农村实现专项财政资金转移支付。扶贫项目申请实行“村级申报、镇街初审、县级审批”的申报流程。项目运行中有精细化的资金管理制度、科学的流程设计和严密的立体监管，这都促进了扶贫资金分配的科学、合理和高效。扶贫项目的科学化管理增强了决策层对于基层的管控，进一步压缩了基层“灵活应对”的空间，同时也带来了管理的难题。此外，项目制本身的技术理性要求与基层社会的乡土逻辑存在诸多不贴切之处，导致扶贫项目出现瞄准性偏离问题。

① 周雪光．项目制：一个“控制权”理论视角[J]．开放时代.2015(2):82-102.

四、有效贫困治理与国家自主性提升

彼得·埃文斯提出国家的“镶嵌自主性”(embedded autonomy)理论强调国家与社会的互动和渗透。国家力量有效渗入社会的前提是国家制定的相关政策要嵌入特定的社会结构和社会文化中,与基层政治力量建立互动良好的人际关系网络。即在国家自主性的建构中,国家需通过一系列复杂的制度安排,汇聚个体行为并引导其形成所期望的秩序,这就是机制建设。机制建设属于国家建设,“对于某一特定领域中的两者关系而言,机制是因,秩序是果,因此,失序在很大程度上由相关机制的无效导致的”①。精准扶贫中存在的问题源于当前我国精准扶贫的三种机制,即组织动员、干部驻村和项目下乡三者之间以及这三者本身与我国政治和社会运行中的其他机制间的协调出现了问题。这种机制间关系的失调是精准扶贫政策瞄准性偏离的症结所在。现有的关于精准扶贫机制建设的文章大多从组织动员机制、干部驻村机制、项目下乡机制三者中的某一种机制为中心展开研究,发现问题并提出相应的解决对策。然而,对于现实的贫困治理过程来说,则是三种机制相互交融,共同发挥作用的过程。各级政府往往出“组合拳”,同时运用三种机制来优化扶贫资源配置,解决复杂的农村贫困问题。从机制协调层面解决上述问题应从以下两个方面着手。

(一)国家嵌入式自主下的农村社会公共性建构

国家自主性的强大并不只是意味着国家机构对社会的全面渗透,也不仅仅是成功地汲取资源,维持正常运转。它还包括为特定目标恰当地分配公共资源等。嵌入式国家自主性建设所要达到的目标是国家有效嵌入社会,政府官员能从公共责任伦理的本位出发,按照自己的偏好执行决策细则,并能在此过程中规避强势社会力量的过度干扰。在精准扶贫政策制定和执行的过程中,国家自主性的彰显主要体现为国家有能力制定和实现公共资源的再分配,使得扶贫资源能精准地覆盖到贫困人群,避免出现“文本脱贫”和“精英俘获”等资源分配不到位和不公平的问题。国家标准化、程序化的扶贫政策下乡首先打破了村庄原有的社会合作模式,乡村的互助传统日渐消弭。然而,乡村公共空间并没有随着国家资源下乡而建立起来,反而消解了村庄原有的公共性。贫困治理既要求精准化,又必须有可持续性。“只有当村庄具有公共性,有能力形成公共意志,这个村庄才有能力真正利用各种资源最有效地建设自己的美好生活,达到善治。”②

扶贫资源分配的正义问题是精准扶贫政策落实过程中的元问题。“为了在现实中让‘公’真正地形成,就有必要使‘私’成熟起来。”③“私”成熟的标志便是以理性独立主体在公共生活中的“公共讨论”和“共同协作”行为习惯的养成。精准扶贫政策落实过程主要指的是通过“活私开公”,确立公共讨论规则、议程和场所来提高扶贫政策制定和执行过程中普通民众的参与度。虽然有国家明文规定扶贫政策过程中公民的参与权,但一些地方政府及其官员认为普通民众素质低,不能提出较好的政策建议。或者有些干部认为,从个体偏好出发的单个民众建议与扶贫政策制定和执行所需要的“公共判断”相差较远,没办法令普通民

① 金东日.论机制[J].广东社会科学,2014(5):72-80.

② 贺雪峰.村庄政治与善治[J].云南行政学院学报,2016(6):4-8.

③ 佐佐木毅,金泰昌.公共哲学第2卷:社会科学中的公私问题[M].北京:人民出版社,2009.

众的个体偏好很好地融入政策议程。再加上社会强势力量的干预，普通村民在乡村贫困治理中往往失去话语权，扶贫资源可能会落入强势社会力量及其裙带关系的囊中。如有学者调研得知，在农村，家庭有无村干部对于农户“是否参与扶贫项目，是否主动争取扶贫项目”有显著的影响①。在精准扶贫政策落实过程中如何“活私开公”的关键在于正确处理农户个体偏好与扶贫政策过程所需“公共判断”之间的关系。如果只是原则上规定每个农户都有参与扶贫政策制定的权利，村民在此原则下的个体偏好表达只是个人意见。这些个人意见只有在公众讨论中成熟为公共意见，才具有公共性，才有可能成为公共判断并进入政策议程。为此要充分发挥基层党组织的作用。由村社党组织具体领导，搭建村民公共讨论的平台，成立村民议事会。基层政府要为村民议事会的正常运行提供必要支持，如场地、人、财、物和技术方法等。对于议事会组成人员要进行严格科学的筛选，村干部不能超过人员总数的50%，每个村小组都要有成员进入议事会，要充分覆盖到村中不同层面的村民群体。基层党组织和政府的职能定位在于掌舵而不划桨，在议事会的具体参与者，在讨论议题、讨论程序上不做过多干预，只是起维持公共讨论总体秩序的作用。通过村民议事会的公共讨论，农户可以亲自参与精准扶贫政策的制定、修改和解释、再解释的过程，每个农户都能进行基于自己的公共判断的理性活动。通过村民议事会讨论的公共意见可以直接进入基层党组织和政府决策议程，农村社会公共性的建构为精准扶贫政策的落实提供了坚实的基础。

（二）嵌入机制间协同与贫困治理的有效性

回归国家学派的学者琳达•维斯、约翰•霍布森和彼得•埃文斯等在论述日本、韩国等国家的战略性国家能力来源和建制性能力增强时提出“治理式互赖”的重要性。“治理式互赖”用来指政府与市场、国家与社会之间高度的相互依赖关系②。国家和政府在其中扮演高级合作者的角色，重点在于着力提升国家的社会渗透能力和集体协调能力。用嵌入式国家自主性理论来审视精准扶贫政策过程，可以发现中央和各级政府设计干部驻村、项目下乡等扶贫机制的初衷是为了提高国家对社会的渗透能力，增强扶贫资源配置的效率和公平、公正。然而，事实证明，仅仅从提高渗透能力方面入手并不足以增强国家自主性。还必须注重提高国家在协调、整合不同嵌入机制间关系的能力。

机制间的关系变异是机制运行变异的重要原因。精准扶贫的整体效果在很大程度上取决于不同嵌入机制之间的协同。如上文所述，组织动员机制下形成的政绩考核压力让驻村干部进村后一味地靠外在的关系网络拉资源、找项目，而忽视村庄资源禀赋与引进项目的契合度，导致村庄发展落入“梅佐乔诺陷阱”。村庄之间经济发展程度不同，承接项目的能力也有较大的差别。组织动员的压力机制与项目制“结合”后也容易产生扶贫政策落实中的“扶富不扶贫”现象。如此，精准扶贫的三种嵌入机制背离了相互协同的初衷而相互消耗。在精准扶贫的三种嵌入机制运行中，组织动员机制成了三种嵌入之间中的主导机制和支配性机制，而干部驻村和项目下乡成了辅助机制和被支配性机制。这是产生目前各种怪象的根本原因。

机制间协同是指为实现预定的政策目标，政策参与主体通过实时分享信息、交流工作进

① 周常春，刘剑锋，石振杰．贫困县农村治理“内卷化”与参与式扶贫关系研究：来自云南扶贫调查的实证[J]. 公共管理学报，2016(1):81-102.

② 琳达·维斯，约翰·M. 霍布森．国家与经济发展：一个比较历史性的分析[M]. 黄兆辉，廖志强，译．长春：吉林出版集团有限责任公司，2009.

展情况等“沟通—竞合—协同”的合作方式，实现优势互补、资源整合的机制运行模式。精准扶贫过程中时刻存在破坏三种嵌入机制之间相互依赖、平等协作的机会主义行为。国家必须通过治理创新来改变三种嵌入机制运行中形成的支配与被支配的关系，建立嵌入机制间回归互赖、平等协作的合理运行关系模式。因此，构建三种嵌入机制之间独立、平等、互赖的协作与监督关系是解决问题的出路。首先，夯实干部驻村机制，提升驻村第一书记监督渗透权。基层各市、县政府要赋予驻村第一书记全方位的扶贫政策制定、参与和信息知情权。驻村第一书记要切实承担起监督扶贫项目运行、收集和反映民意的职责。驻村第一书记要通过细化和落实扶贫项目信息公开制度，落实村内重要事项的“四议两公开”制度。要通过落实信息公开制度让村民有效监督村干部，打破农村干部与地方政府之间基于“信息权力”的垄断而形成的利益共谋，并借此进一步嵌入乡村微观权力运行结构和过程。其次，释放组织动员带来的考核压力，保持组织动员和项目下乡两种机制之间若即若离的互动关系。当前扶贫效果考核中注重显性的脱贫人数和短期的脱贫成果是扶贫嵌入机制合作变异的根源。因此，要构建多元化的扶贫绩效和扶贫项目考核评估机制，把贫困户满意度、扶贫成效的可持续性、扶贫项目的长远意义等指标加入扶贫绩效考核体系，要把精准扶贫与落后村落整体公共服务水平、经济发展潜力联系起来，把贫困户本身的长远发展的潜力作为扶贫绩效的核心指标。而且最重要的是要把这些“柔性”的公共服务指标变成基层政府官员刚性的晋升指标。同时，要保持扶贫专项计划独立运行的技术理性特征，严格把控扶贫专项资金的使用和管理，引入第三方机制对扶贫专项落实情况进行考核评估，尽力避免扶贫项目在组织动员机制的压力下形成的异化现象。

总之，精准扶贫政策的落地必然伴随着多元行动主体的竞争、对话和协商。政府单打独斗、单向强制无法解决扶贫过程中的瞄准性偏离问题，而社会力量的无序参与和介入同样会导致扶贫资金的“精英俘获”问题。嵌入式国家自主性理论指引下的嵌入机制建设以及嵌入机制间的协同才是解决问题的出路。

五、本书结构

中共十九届四中全会从制度建设的视角对坚持和完善中国特色社会主义制度、推进国家治理体系和治理能力现代化作出了战略性部署。在坚持和完善中国特色社会主义制度的前提下，解决中国式贫困治理运行过程中的问题最直接的办法便是机制创新。通过机制层面的“增量”改革，才是逐步推动治理体系变革的捷径。

本书导论部分，集中讨论本研究的基本问题和基本框架。导论部分的核心在于梳理和概括国家在精准扶贫政策落实过程中形成的三种嵌入式运作机制。明确表明本书的总体研究思路是以嵌入式国家自主性理论为研究视角，从国家理论论域下的政治过程视角阐释精准扶贫过程中存在的机制间关系和失调问题，并试图提出解决问题的方法。

第一章 反贫困的国家视野及理论基础。第一章的重点是厘清国家自主性理论的理论视域；嵌入式国家自主性理论的基本观点；国家自主性理论对于解释精准扶贫政策运行的合理性。改革开放以来，中国农村的贫困治理取得了举世瞩目的成就，我国的贫困治理大致可以分为五个阶段：1978—1985 年间，整体制度变革推进扶贫阶段；1986—1993 年间，以贫困县为单位的开发式扶贫阶段；1994—2000 年，八七扶贫专项行动计划阶段；2001—2012

年，以贫困村为单位的整村推进扶贫阶段；2012—2020年，以贫困户为单位的精准化脱贫阶段。

第二章　组织动员：贫困治理的组织保障。如何对日益多元、离散和异质的社会实施组织化动员，引导并激励社会力量参与国家重大战略并在此过程中提升国家能力是国家治理领域的重要研究议题。组织动员作为中国特色社会主义的政治优势，是党和政府长期以来开展农村工作的重要手段。精准扶贫作为一种特定的贫困治理方式不仅仅是特定国家政策运行过程中不同主体间利益博弈的过程，而且是国家通过政策落实提升自主性，实现国家利益、彰显国家公共性的过程。中国贫困治理模式的最大创新在于通过组织动员把扶贫变成一个全社会广泛参与、共同努力和相互竞争的政府与市场、政府与社会、上级与下级、不相隶属的组织机关单位之间的合作行为。

第三章　干部驻村：贫困治理的干部助力。干部驻村机制是对我国农村广泛存在的各类驻村工作队、驻村帮扶、驻村制、包村制等工作机制的总称，是我国长期以来形成的权力下沉、组织动员、资源汲取和配置的独特工作方式。干部驻村机制形成之初便致力于密切联系群众，加强党对农村工作的全面领导。作为制度化的官僚组织运行之外的一种补充机制，干部驻村在迅速有效地组织亿万农民解决农村问题、促进党的政策在农村更好落实等方面发挥着巨大作用。脱贫攻坚战略任务的顺利完成，数以百万计的驻村干部功不可没。

第四章　项目下乡：贫困治理的财力支撑。脱贫攻坚战略实施进程中，从中央到地方的各级政府和扶贫办等相关职能部门运用项目制手段，构建客观公正的扶贫项目评估考核系统，极大地提升了精准扶贫政策执行的有效性。项目制作为一种自上而下的公共资源配置方式从20世纪90年代中期分税制以来逐步推广，最终溢出财政领域，成为国家治理和贯彻落实中央政策的一种重要机制。项目进村体现着国家的决策意图，能够最大程度保障专款专用。项目制以其明确的专项目标、清晰的预算结构、严格的过程管理和审计监督，能更大程度上确保资源投放的高效和精准，在脱贫攻坚战略实施中项目下乡发挥了重要作用。

第五章　由脱贫到振兴的政策衔接机制探索。脱贫攻坚到乡村振兴的政策衔接处于我国农村基本经营制度变迁和国家治理现代化的宏大历史进程。从历史制度主义的“制度拼图”视角来看，由脱贫到振兴的政策衔接过程内含依赖式取代和拓展式漂移两种渐进变迁模式。案例村庄以满足农民需求为核心，在政策衔接中“涌现”出的试点机制、组织学习和动态适应机制和统合治理机制助推其逐步实现从脱贫到小康再到富裕的有序衔接和转型升级。农村基层党组织将党的行动逻辑、意识形态、价值导向嵌入村两委和村庄社会组织中，在农村发展中发挥着战略领导和决策中枢的作用。

结语　强化嵌入机制建设 推进由脱贫到振兴的有效衔接。党的十八大以来，我国农村贫困治理工作取得举世瞩目的成就，历史性地解决了绝对贫困问题。当下，由脱贫到振兴的政策衔接是机制建设的最直接目标。从袁家村成功实现从脱贫到振兴的跃升过程来看，政策衔接不是理论化、理想化制度设计的产物，而是普通农民、底层村庄、基层干部在与国家政策互动的过程中一步步走出来的。因此，以农民为中心，让理论上的制度变迁主体在现实的政策衔接中切实受惠，深度参与是最重要的一步。机制间的关系变异是机制运行变异的重要原因。精准扶贫的整体效果在很大程度上取决于不同嵌入机制之间的协同。机制间协同是指为实现预定的政策目标，政策参与主体通过实时分享信息、交流工作进展情况等“沟通—竞合—协同”的合作方式，实现优势互补、资源整合的机制运行模式。构建组织动员、干部驻村、项目下乡三种嵌入机制之间独立、平等、互助的协作与监督关系是由脱贫到振兴这一阶段需要重点加强的方面。

总之，我们借鉴西方回归国家学派的国家自主性理论来审视我国精准扶贫政策执行过程中的问题，并不是想照搬西方的理论来解决中国的相关问题。我国不存在西方回归国家学派理论家们所面临的国家与社会分立的治理情景。当下中国所面临的是国家力量过于强大和社会力量孱弱的现状。因此，我们当下急需做的是在国家回归与社会参与之间找到一条有效协同的道路来解决国家干预太多和社会无序参与带来的治理难题，找到一条中国化的解决问题的出路。这就需要我们在借鉴和扬弃西方国家自主性理论的基础上，建构中国特色的国家与社会嵌入协同理论，解决国家治理的有效性问题。这可能是今后中国特色政治学国家理论的研究方向。

第一章　反贫困的国家视野及理论基础

“国家者，就是一个在某固定疆域内肯定了自身对武力之正当使用的垄断权利的人类共同体。”① 国家是人们日常生活秩序的逻辑前提。一个拥有强大渗透、汲取、规制和再分配能力的国家治理体系能为生活于其中的人民提供行动的稳定预期和持久的安全感。现代国家建构的主要目的是建设一个强有力的、能对普通民众和社会利益集团进行广泛动员和有效规约的政府治理体系。改革开放四十多年来，我国取得了脱贫攻坚的伟大胜利。脱贫攻坚的伟大胜利充分体现出中国特色社会主义国家治理体系的优越性。站在国家的视野能够更全面地把握中国特色社会主义历史发展的长河中的反贫困制度和机制创新。

第一节　国家自主性视域下的反贫困

20 世纪 70 年代中后期，西方比较社会科学研究领域突然兴起了一股新的“潮流”，那就是众多领域的学者前所未有且不约而同地把目光投向国家，重新认识国家在经济发展与社会变革中的主体地位与重要作用。此后，各种思想不断交织、碰撞，最终导致在 20 世纪 80 年代形成一个新的学术流派——“回归国家学派”。回归国家学派的主要代表人物有西达•斯考切波、斯蒂芬•克拉斯纳、彼得•埃文斯等，尽管这些学者在一些具体问题上并未达成最终一致，但他们的观点却有一个共同之处，那就是坚持把国家视为独立的行动主体，强调国家自主性与国家能力。本书探讨的国家自主性理论主要是基于回归国家学派有关国家自主性的论述。

一、国家自主性的研究现状与内涵

最早对于国家自主性的探讨可以追溯到黑格尔，他认为，“国家是绝对自在自为的理性东西”。市民社会代表的是特殊性，是不同个人和团体的特殊利益，而国家代表了一种普遍性，反映普遍的利益和意志。黑格尔的论述虽然从精神和哲学层面展开，但也指明了国家自主性中对国家公共性和超越性的关注。卡尔 • 马克思、弗里德里希 • 恩格斯虽然认为“国家不外是资产者为了在国内外相互保障各自财产和利益所必然要采取的一种组织形式”②，但也同时认为国家作为社会公共利益代表的身份，决定了国家能够相对独立于经济上的统治阶级。马克思认为国家从来就不是一个独立发展的领域，它的存在与发展应当从社会经济

① 马克斯•韦伯 . 韦伯作品集：学术与政治 [M]. 钱永祥，等，译 . 桂林：广西师范大学出版社，2004：197.

② 中共中央马克思恩格斯列宁斯大林著作编译局 . 马克思恩格斯文集：第 1 卷 [M]. 北京：人民出版社，2009：584.

生活条件中得到解释，“正如古代国家的自然基础是奴隶制一样，现代国家的自然基础是市民社会以及市民社会中的人”①。由此可见，马克思认为，国家自主性指的是国家的“超社会约束性”，即在国家与社会的关系中，国家这种公共权力在一定程度上不受市民社会制约而表现出来的相对独立性，甚至反过来对市民社会具有的极大制约作用的性质。此后，普朗查斯（N.Poulantza）、密里本德（RalphMiliband）等西方马克思主义学者进一步阐发了马克思学说中关于国家及其自主性的理论，认可国家具有相对于社会的自主性，并将国家自主性作为国家的基本属性②。

20世纪70年代中后期到20世纪80年代，西方比较社会科学研究领域兴起了一个新的学术流派——“回归国家学派”。这些学者观点的共同之处在于抛弃社会中心论的理论假设，坚持把国家视为独立的行动主体，强调国家为寻求长远的公共利益或其他政治目的而确立并追求一些超越社会利益集团尤其是强势利益集团利益的目标。“回归国家学派”内部的学者之间围绕国家与社会之间关系这一核心问题，对“国家自主性”的内涵也有较大的争议。以斯考切波和诺德林格为代表的“国家中心主义”理论家主要从国家相对于社会的“隔离”程度和“隔离”机制来界定和理解国家自主性。斯考切波将国家定义为“它是一套以执行权威为首，并或多或少是由执行权威加以良性协调的行政、政策和军事组织”③。她认为，作为一种对特定领土和人民主张其控制权的组织，国家可能会确立并追求一些并非仅仅是反映社会集团、阶级或社团之需求或利益的目标。这就是“国家的潜在自主性”④。诺德林格认为，国家是指“所有那些占据公共职位的个体，他们凭借职位的授权或自身赋予的权力做出、执行对社会各部分有约束力的决定。很简单，国家是由那些被赋予社会决策制定权的个体组成的，而且仅限于此”。他通过对国家、自主性作为和国家偏好三个概念的界定与连接，得出了国家自主性的定义，“国家在将其自身偏好转换成权威行为的范围以及公共政策服从公共官员加权偏好的平行四边形程度”⑤。

相反，埃文斯、米格代尔为代表的一派则认为国家是“社会中的国家”，他们将“嵌入”机制作为审视国家自主性的重要抓手，更加关注国家与社会互动中的国家能力的动态变化。埃文斯（1995）提出“嵌入式自主性”（embeddedautonomy）的概念。这一概念主要是以东亚发展型国家的经验（其中日本是典范）为基础。他们承认国家具有不受任何社会组织干预的自主性，但是并不认为国家必然“反对”社会，而是认为国家与社会是共生互动的关系，比较形象的说法是“在把国家找回来的同时，不把社会踢出去”⑥。从当前的理论研究趋势来看，从国家与社会共生互动关系视角出发提出的“嵌入式自主性”观点和方法更能代表国家

---

① 中共中央马克思恩格斯列宁斯大林著作编译局．马克思恩格斯全集：第2卷[M]. 北京：人民出版社，1956:145.

② 江红义．国家自主性理论的逻辑：关于马克思、波朗查斯与密里本德的比较分析[M]. 北京：知识产权出版社，2011: 208-209.

③ 斯考切波．国家与社会革命：对法国、俄国和中国的比较分析[M]. 何俊志，王学东，译．上海：上海人民出版社，2008:33.

④ 埃文斯、鲁施迈耶、斯考切波．找回国家[M]. 方力维，等，译．上海生活•读书•新知三联书店，2009: 10.

⑤ 埃里克·A. 诺德林格．民主国家的自主性[M]，孙荣飞，译．江苏：江苏人民出版社，2010:8.

⑥ 琳达•维斯，约翰·M. 霍布森．国家与经济发展：一个比较历史性的分析[M]. 黄兆辉，等，译．长春：吉林出版集团有限责任公司，2009.

自主性理论未来的发展方向。

国内学者关于国家自主性理论大体上也分为两个层面。其一，国家自主性理论引进、分疏和阐释的规范性研究。张勇和杨光斌（2010）梳理了国家自主性理论的发展脉络[①]；曹海军和韩冬雪（2012）以国家能力提升为切入点梳理国家自主性理论的内在逻辑[②]；彭勃和杨志军（2013）从发展型国家治理能力的转型与超越的视角审视国家自主性理论[③]；庞金友（2017）以国家能力的影响机制为切入点详细梳理回归国家学派内部学术观点逻辑[④]。肖文明（2017）用关系主义的思维从文化视角来梳理国家自主性理论的逻辑并指出未来理论的研究趋势[⑤]。其二，国家自主性理论与中国问题相结合的应用性研究。王星（2011）用此理论视角来分析 1978 年以来中国"国"与"民"之间关系的演进逻辑[⑥]；陈毅（2013）用此理论分析中国转型社会的国家治理有效性[⑦]；李祖佩（2015）提出用这一理论视角来分析涉农项目运作过程的实践困境[⑧]；郭建明（2015）用历史制度主义的方法分析我国改革开放进程中的国家自主性逻辑[⑨]；陈霞和王彩波（2015）用此理论来分析中国经济发展中的地方政府治理转型问题[⑩]。总体上，国家自主性理论在中国的研究现状体现为学界同人关于西方国家自主性理论流派观点的梳理、方法论的考察、观念的演进基本上已经达成共识。但是，对于国家自主性理论的应用性研究还处于起步阶段并逐步成长，国家自主性理论与中国国家治理各个领域的结合来指导或解释改革发展的各种问题等方面还有较大的学术增长空间。

综上所述，本书所指的国家自主性意指作为在特定的领土内垄断暴力行使权的强制性组织，国家可能会为寻求长远的公共利益或其他政治目的而确立并追求一些超越社会利益集团尤其是强势利益集团利益的目标。

二、国家自主性的中国适用性限度

在国家与社会关系的理论分析框架中，回归国家学派的学者共享这一种理念，即国家本质上不仅仅是个人或者社会利益集团用以维护和实现自身利益的工具。相反国家本质上是一个积极的行动者。国家自主性指的是国家独立于社会力量来开展维护和实现国家公共利益的行动能力。当各种社会利益集团都需要国家、离不开国家权力的支持，同时各个社会利益集团又没有办法"俘获"国家进而凌驾于国家之上时，国家本身就具有了自主性，就可以

① 张勇，杨光斌．国家自主性理论的发展脉络 [J]. 教学与研究，2010(5):46-52.

② 曹海军，韩冬雪．"国家论"的崛起：国家能力理论的基本命题与研究框架 [J]. 思想战线，2012 (5):58-64.

③ 彭勃，杨志军．发展型国家理论、国家自主性与治理能力重塑 [J]. 浙江社会科学，2013(6):58-65.

④ 庞金友．当代西方国家失败理论的路径与逻辑 [J]. 政治学研究，2017(5):35-46.

⑤ 肖文明．国家自主性与文化：迈向一种文化视角的国家理论 [J]. 社会学研究，2017 (6):211-235.

⑥ 王星．1978 年以来中国"国"与"民"关系之历史演进：立足于国家自主性理论的思考 [J]. 人文杂志，2011(2):58-70.

⑦ 陈毅．中国转型社会的国家治理有效性：基于国家自主性的视角 [J]. 社会科学，2013(1):38-47.

⑧ 李祖佩．项目制基层实践困境及其解释：国家自主性的视角 [J]. 政治学研究，2015(5):111-122.

⑨ 郭建明．历史制度主义视域下的当代中国国家自主性建设研究：1978—1992 年 [J]. 当代世界与社会主义，2015(6):156-161.

⑩ 陈霞，王彩波．中国经济发展与国家自主性关系考察：基于改革开放前后的比较视角 [J]. 中南大学学报(社会科学版)，2015 (4):151-156.

采用“分而治之”的办法来维护和实现国家的公共利益。上述这种基于国家与社会“分殊”[①]式的国家自主性概念解释是国家自主性得以成立的基本前提。但随着回归国家学派的理论发展，新国家主义者提出了“嵌入式国家自主性”概念。“国家的自主性不必是基于与社会力量的隔绝而带来的某种自主性，而恰恰是因为国家与各种社会力量建立起了紧密的关联才能带给国家自主性并促成国家目标的实现。”[②]国家嵌入式自主性的体现与落实主要体现为国家通过政策执行和制度建设在相对稳定的领域有机融入社会。在此过程中，国家通过各种机制和手段能够有效动员社会力量参与国家建设，增进公共利益的边界不断拓展。社会通过与国家机构的互动得以有效表达利益诉求。我们在借鉴和运用国家自主性理论来阐释和思考中国的实际问题时，应该充分考虑到这一理论之于实际的具体理论指向，即其中国适用限度问题。否则，可能会因为外来理论的“水土不服”导致理论运用上的教条主义，给理论与实践带来双重危害。

（一）国家与社会关系层面的语用环境限度

国家与社会的关系，实际上就是国家与活跃在社会中的各种利益主体之间的关系。这些利益主体或者是单个的公民，或者是由一些公民组成的团体，他们在社会政治、经济、文化等领域影响国家的政策决策及国家行为，以便获取自身利益的最大化。与此同时，国家为了实现公共利益，就必须在国家决策与国家行动中尽可能减少来自社会的各种势力的影响。由于西方国家中大量利益集团的存在，所以这些国家与社会的关系实际上是国家与这些利益集团之间的关系。因此，在西方民主体制下，国家与社会的关系实质上就是国家与社会中各种力量之间博弈的过程。如果“国家可以系统地表达和推进自己的目标，而不是简单反映集团、阶级和社会的利益与需求”[③]，那么国家就可以很好地在制度运行中彰显其自主性。

讨论任何类型的国家自主性总是离不开特定地域的社会结构和社会文化。国家行为和制度创新如果不能成功地嵌入其所赖以生存的社会生态当中，那么国家自主性就无从谈起。中国古代长期存在的皇权统治实践使得“国家通过强制性权力加强对社会的控制以便维系国家自主性”这种理念具有很强的历史惯性。国家在社会力量面前具有很强的主导性，“强国家—弱社会”的力量对比态势是中国自古以来就形成的格局。因此，在中国特色的社会环境下讨论国家自主性的实现，最主要的不是提倡一味地通过强制性权力控制来提升国家能力，而是要通过嵌入性机制设计来充分激发社会活力。社会力量既不完全“嵌入”也不彻底“脱嵌”于国家体制，而是在若即若离中寻求制度化生长点。国家要通过鼓励性的制度创新给予社会行动主体参与国家治理的渠道和空间，在彼此互嵌和频繁互动中发挥社会力量的主动性，让国家自主性的实现具备厚实的社会基础。中国共产党的领导是中国特色社会主义最本质的特征。在中国的语境下谈国家自主性，谈国家与社会关系绕不开中国共产党与各种社会力量的互动与嵌入。中国共产党通过构建以领导权为核心的国家权力结构、分工

---

① 曹胜. 国家自主性：从“分殊制衡”到“嵌入协同”：理论变革与实践意义 [J]. 比较政治学研究，2018(1):80-97.

② 肖文明. 国家自主性与文化：迈向一种文化视角的国家理论 [J]. 社会学研究，2017 (6):211-235.

③ EVANS P B.Bring the State Back in[M]. Cambridge，Cambridge University Press,1985:9.

合作体系来确立国家的自主性①。

（二）国家能力层面的限度

国家能力是指国家追求和实现具体政策和目标的能力。关于国家能力的具体内容，主要包括汲取能力、合法化能力、调控能力以及控制能力四个方面②。国家能力的大小，将影响到国家自主性的强弱。国家能力越大，国家在推进各类公共政策落实，增进国家公共利益的行动过程中才能最大程度地接近预期目标，体现国家自主性。合理地调整国家自主性适用范围和落实方式，就是对国家能力的合理运用及科学处置。汲取能力是国家自主性的最主要指标，也是考量国家能力的核心指标。几乎所有的国家都谋求增强其汲取能力，以便依靠国家权力运行汲取更多的社会资源和财富，以应用于公共服务领域和底层民众的帮扶和救助，提升民众对国家合法性的认同程度。

国家能力提升为国家自主性的实现提供了良好的环境和有力的工具。但是，国家能力并不等同于国家自主性。国家能力越强也不一定完全意味着国家自主性越高③。国家偏好的准确及时表达和实现是国家自主性的另一个重要考量指标。国家偏好的表达需要与社会偏好相区别，并在整合社会偏好的基础上形成有利于维护和实现国家长远利益、提升整体国家创新能力和适应能力的表达机制。国家在表达自身偏好的过程中要起到社会偏好的过滤器作用，警惕现代化过程中国家能力逐步提升但最后国家却沦为社会部分利益集团表达偏好的工具，导致国家陷入能力提升却自主性下降的陷阱。比如，一些迈入后工业社会的国家，其国家基础型权力很大，社会力量强大导致国家偏好表达较弱。在这样的国家，工业化完成后，国家和民众把更多的注意力放在财富的公平分配和民众意见的深度表达上，而国家前瞻性地面向未来提升持续发展动能的作用被忽视。最终，这样的国家在形式上自主性很高，但难免会落入失败国家的陷阱。

从中国的国家治理体系和治理能力现代化过程来看，国家能力同样是国家自主性彰显的重要考量指标。当下中国正处于社会发展转型升级的关键时期，国家自主性的彰显、国家偏好的表达绝大多数情况都可以体现为国家战略从上到下实施过程中面临的底层偏离现象。在生态环境治理、精准扶贫、乡村振兴过程中，基层公务员和民众能充分感受到国家强大的战略推进能力，但是在此过程中能否完整准确地表达国家的偏好、国家创新性的引领能力则是需要进一步探讨和考察的重要课题。国家战略实施进程中中国共产党的嵌入式引领和统合是思考中国国家自主性的重要维度。

三、我国贫困治理中的嵌入式国家自主性

嵌入式国家自主性能否实现主要取决于国家与社会的互构和融合机制建设是否健全和畅通。嵌入式国家自主性受到国家与社会的关系、政治体制、国家能力等相关因素的制约，是判断国家能力强弱的重要指标。英国学者迈可•曼提出两个层面的国家权力：专制型权力（despotic power）和基础型权力（infrastructural power）。国家的专制性权力，指国家精英可

① 周光辉，彭斌．国家自主性：破解中国现代化道路“双重难题”的关键因素：以权力、制度与机制为分析框架 [J]. 社会科学研究 ,2019(5):12-24.

② 虞崇胜，陶欢英．国家能力视阈下减税的政治功能分析 [J]. 湖北社会科学 ,2017(10):25-34.

③ 马天航，熊觉．理解“国家自主性”：基于概念的考察 [J]. 学术月刊 ,2018 (8):80-92.

以在不必与社会各集团进行例行化、制度化讨价还价的前提下自行行动的范围。国家的基础型权力，指的是国家事实上渗透社会，在其统治的领域内有效贯彻其政治决策的能力①。维斯和霍布森指出，国家基础型权力嵌入社会主要体现为以下三种力量：其一，渗透力量，即国家进入社群并具备与民众直接互动的能力；其二，汲取力量，即国家从社会中汲取资源的能力；其三，协商力量，即政府和其他社会力量进行高度战略性和制度化合作的能力②。从以上两位学者的论述可以得到的启发是嵌入式国家自主性需要通过国家本身的结构性渗透和体制化动员协调民众的社会行动，充分代表最广大民众的利益来实现。

中国特色的政党与国家的关系与西方国家有着非常大的结构性区别。西方国家的政党与国家关系逻辑是资产阶级在反对封建领主统治基础上先建立资产阶级共和国，由于国内代表不同部分利益团体的人们组建政党，通过共享的规则谋取政权。中国特色的政党与国家逻辑是自近代民主革命的先行者孙中山先生提出以党建国的方略后，政党建设在时间上就先于国家建设。中国共产党成立后，始终以为中华民族谋复兴、为中国人民谋幸福为使命，团结带领全国各族人民取得了新民主主义革命的胜利，建立了新中国。中华人民共和国成立后，中国共产党由革命党转向长期执政的党。中国共产党不是西方那种只代表“部分”群体利益的政党，而是代表中国最广大人民根本利益的使命型政党。中国共产党在我国的国家建设中始终发挥引领作用。因此，在中国讨论国家自主性就从根本上来说需要充分考虑中国共产党治国理政的特质和特色。

党的十八大以来，党和政府通过构建以国家为主导的精准扶贫治理结构、分工合作体系和精细化运行机制，我国创造了贫困治理的中国奇迹，为世界各国解决贫困问题提供了中国方案。精准扶贫中的国家自主性是中国特色贫困治理成功的制度密码。在精准扶贫战略实施过程中，党和政府需要解决的核心问题有两个：一是纵向地在全国范围实现中央政权向农村基层的下沉，建立坚实的执政基础；二是横向地在广大农村实现社会的整合重构，形成以党组织为核心的政治共同体。从国家治理的视角看，精准扶贫作为国家战略，在战略实施过程中需要国家与社会各方力量围绕精准脱贫目标展开有机协作，通过制度化的渠道协调国家与社会之间的利益诉求，国家借助社会力量参与实现战略目标，社会力量借助国家的资源分配机制实现自身利益。

从国家自主性视角审视精准扶贫政策主要目的在于从国家与社会关系视角形成具有洞察力的理论视角，从而呈现精准扶贫政策作为一种农村社会变革事件中的内在机理，并且通过透视挖掘机理发现政策机制运行的梗阻点并在此基础上提出解决问题的思路。目前从国家与社会关系视角切入来研究脱贫攻坚与乡村振兴的研究成果，缺乏对“国家”这一主体行动者更加精细化的研究。学界现有研究成果有以下三个层面有待进一步讨论。第一，现有成果大多将国家等同于政府，关注脱贫攻坚中的基层政府与乡村社会治理的关系，而对于中国特色社会主义新型政党体制中的政党与乡村社会治理、政党与乡村振兴关系在理论层面缺乏系统深入的研究。第二，当下仅有的几篇关于政党统合视域下的村级党组织建设与乡村振兴的研究成果限于个案的凝练与描述，对于更深层次、更具一般意义的理论逻辑的梳理较少，存在重实践而轻理论的缺点。对于政党统合视域下党建引领乡村振兴何以可能和如

① 刘鹏．三十年来海外学者视野下的当代中国国家性及其争论述评 [J]. 社会学研究，2009 (5):189-213.

② 琳达·维斯约翰·M. 霍布森．国家与经济发展：一个比较历史性的分析 [M]. 黄兆辉，廖志强，译．长春：吉林出版集团有限责任公司，2009:8-9.

何可能的理论提炼和抽象不到位。第三，当下学术界关于党建引领脱贫攻坚和乡村振兴的机制研究更多注重党建与乡村组织建设、党建与乡村产业发展、党建与乡村文化振兴等单向度机制的研究，缺乏整体系统的党建统合乡村振兴的系统化机制间关系的研究。

政党与社会的关系是贯穿于现代国家的基本政治关系。政党统合理论在中国国家治理各个层面的细化应用是当前学术研究的薄弱点和未来政党统合理论研究学术增长点。本书研究的理论贡献不仅仅在于强调了乡村振兴、乡村治理研究领域要引入政党统合理论，而更重要的在于强调对政党统合的认识和理解需要更重视运用政党与社会互动、互构的嵌入式视角。这其中包括政党（国家）自主性、社会自主性、政党塑造社会以及政党与社会的相互构建等理论维度。政党统合的机制设计体现在国家治理过程中的制度建构、组织运行、议题设定、政策设计以及日常的政治过程的每一个环节。乡村建设关乎国家建设，乡村治理有效背后的根本问题是有效的国家治理何以可能的问题。国家权力是乡村社会治理有效与否的重要变量（或支配性力量）。国家权力以什么样的方式参与乡村治理直接关系到乡村治理的成败。中国的国家权力与社会自主的关系在某种程度上是由处于长期执政地位的中国共产党与社会关系决定的。从某种程度上来说，思考中国特色的国家与社会关系首先就应深入探究政党与社会的关系，如此才能厘清中国特色的现代化国家建设过程中脱贫攻坚、乡村振兴战略的内在逻辑理路。

“统合”理论来源于“法团主义”，是描述国家与社会的体制化关系。弓联兵等（2016）提出在政党统合的政党与社会的关系形态中，执政党以其政治领导优势和广泛严密的组织网络成为政党统合体系的核心，并通过自下而上的吸纳型统合和自上而下的嵌入型统合对新兴社会空间进行整合①。政党统合社会既充分保证党的领导和执政地位，也积极调动社会的政治效能，为现代国家治理构筑必要的社会合作框架。李朔严（2018）认为统合主义是一种国家与社会之间的“新制度关联”（new institution links），政党通过统合手段，从制度层面给予一些社会组织领导者以政治身份，从而增强其政治资本、扩展其社会网络，为社会组织的发展提供更加宽松的制度环境②。李术峰（2019）将中国共产党的“政党统合”整体译为主动语态的 CPC-integrating，强调的是统合主体对各种力量、组织和措施超越的主导协同地位，“统合（integrating）”暗含了在中国国家治理体系中一个强有力的政治权力行为主体的存在③。赵哲（2020）提出统合作为一种新型的政府治理模式，强调了国家或政府在实现政治稳定、促进经济发展、推进社会公正方面的积极作用。统合被视为国家与社会互动的一种行为概括，此行为体系包括国家政权与社会组织、功能团体互动参与并互相承认对方的合法性以及权利；并将社会组织体系传达到国家决策体制，是国家与社会的一种结构联结；国家对进入体制认可的功能团体中的公共事务有建议、咨询责任以及对其内部的领导者选举、利益诉求和组织支持等行动有一定程度的掌握④。总体上，统合主义与政党统合理论在中国的研究现状体现为学界同人关于西方国家统合主义理论流派观点的梳理、方法论的考察、观念的

---

① 弓联兵，田颖敏．政党统合与现代国家治理：基于政党与社会关系的考察 [J]. 中国延安干部学院学报，2016 (1):40-44.

② 李朔严．新制度关联、组织控制与社会组织的倡导行为 [J]. 中国非营利评论，2018 (2):22-39.

③ 李术峰．毛泽东“支部建在连上”思想源起及意义的政治学分析 [J]. 陕西行政学院学报，2019 (2):46-54.

④ 赵哲．再造认同：党建统合视阈下的互嵌式社区实践路径：以新疆伊吾县合村并居后的多民族社区为例 [J]. 西南民族大学学报（人文社会科学版），2021 (2):197-205.

演进已经有一些相对成熟的研究成果。但是，对于政党统合理论的应用性研究还处于起步阶段并逐步成长，政党统合理论与中国国家治理各个领域的结合来指导或解释改革发展的各种问题等方面还有较大的学术增长空间。

第二节　改革开放以来我国农村扶贫政策演变

贫困是阻碍人类社会发展的顽瘴痼疾，贫穷落后是近代中国大多数底层人民生活的真实写照。摆脱贫困是一代代中国人民的美好愿望。作为世界上最大的发展中国家，中国农民曾经面临的贫困问题严峻而复杂。改革开放以来，中国农村的贫困治理取得了举世瞩目的成就。2020 年我国全面建成小康社会，农村发生了翻天覆地的变化，农民的生活状况实现了由温饱到小康的巨大跨越。我国取得脱贫攻坚战的伟大胜利源于中国特色社会主义制度的强大力量。这都得益于党和国家根据经济社会发展的具体情况，适时推动扶贫政策的变迁。扶贫政策是国家通过对资源的科学配置，协调经济社会活动，解决区域性社会发展落后和部分群众生存、生活困难等一系列政策的总称。科学合理的扶贫政策可以起到配置社会资源、解决社会贫困问题、促进社会发展的作用。扶贫政策既是事先设计的规则框架，又是政府过程的产物。适应性治理视域下的扶贫政策过程体现为党、政府和各社会团体把科学知识嵌入扶贫政策制定流程，通过科学化、精细化的扶贫政策制定和执行实现预定政策目标。鉴于中国特有的超大规模国家治理的国情，中央制定总体政策后会允许地方便宜行事，地方政府也会在中央政策执行中加入地方偏好，从而更好地解决地方面临的治理难题。“告诸往而知来者”（《论语·学而篇》），“温故而知新”（《论语·为政篇》），对过往历史事实的回顾与温习有助于人们对当下实践的理解和认识，更有利于人们面向未来，应对风险挑战，作出正确的抉择。回顾中国改革开放 40 多年来的贫困治理历程，大致可以分为五个阶段：1978—1985 年间为整体制度变革推进扶贫阶段；1986—1993 年间为以贫困县为单位的开发式扶贫阶段；1994—2000 年为八七扶贫专项行动计划阶段；2001—2012 年为以贫困村为单位的整村推进扶贫阶段；2012—2020 年为以贫困户为单位的精准化脱贫阶段。

一、整体制度变革推进贫困治理阶段（1978—1985 年）

社会主义制度确立到改革开放以前，我国实行高度集中的计划经济体制。在农村实行人民公社体制和“平均主义”的分配制度。集体化的生产和分配虽然在一定程度上缓解了农村农民的贫困问题，但是广大农村居民生活水平的提高速度也非常缓慢。人民公社的集体经营体制与农业生产力发展需要不相匹配，抑制了广大农民从事农业生产的积极性，导致农村贫困现象的蔓延。直到 1978 年，我国农村绝对贫困人口数仍有 2. 5 亿人，占当时农村人口总数的 30.7 %[①]。1978 年党的十一届三中全会后，邓小平提出，“不改革开放，不发展经济，不改善人民生活，只能是死路一条”[②]，开启了改革开放的伟大历程。

首先，以经济建设为中心，开启家庭联产承包责任制试点改革，农民生活状况有了很大的改善。1978 年 11 月 24 日晚，安徽省凤阳县小岗村的 18 位农民为求生活温饱，在“包产

① 中华人民共和国国务院新闻办公室．中国的农村扶贫开发 [N]. 人民日报 ,2001-10-16(5).

② 邓小平．邓小平文选：第三卷 [M]. 北京：人民出版社 ,1993.

到户”的秘密契约上按下鲜红的手印，开启了家庭联产承包责任制的伟大探索。这一探索，掀开了我国农村经济体制改革的序幕，对城市和乡镇企业改革起到了巨大的推进作用。家庭联产承包责任制的分配方式简称为“交够国家的、留足集体的、剩下都是自己的”。这一分配方式突破了以往“一大二公”的记工分式分配方式，冲破了人民公社“三级所有、队为基础”的农村生产管理制度和集体生产、统一核算的经营制度以及平均主义的分配制度。家庭联产承包责任制的改革极大地激发了农民的种粮积极性，1979 年 10 月，小岗村获得大丰收，所产粮食相当于全队 1966 年到 1970 年粮食产量的总和。从此，小岗村的农民彻底解决了温饱问题，生活水平有了较大幅度的提升。同一时期，家庭联产承包责任制在中央的推动下向全国推广，改变了农村的赤贫状态，为中国农民摆脱贫困提供了坚实的制度基础。

其次，工农产品价格政策改革促进农村减贫。新中国成立后的相当长一段时间内，国家为了重点发展工业，采取工农产品“剪刀差”政策。1979 年到 1984 年，中央政府大幅度提高 18 种主要农副产品的收购价格，这种利好政策极大地刺激了农民的种粮积极性，也大幅度提高了农民的收入。这一时期，国家粮食产量平均每年以 5 % 的速度增长，农民收入大幅度增长，实际增长率都在 10 % 以上[①]。国家政策的调整客观上为农村减贫带来了巨大的制度红利。

最后，国家出台《关于帮助贫困地区改变面貌的通知》，国家政策开始关注扶贫。1984 年 9 月 29 日，中共中央、国务院发布《关于帮助贫困地区改变面貌的通知》，通知中明确提出国家支持各类贫困地区脱贫的政策措施，主要包括：允许贫困地区因地制宜，扬长避短，充分利用当地资源，发展商品生产；放宽政策，允许农民在坚持土地公有的前提下，由群众自主选择最适宜的经营形式，允许转让承包权；对贫困地区从 1985 年起，分别情况，减免农业税等。

综上，这一时期的这些利好政策为农村减贫提供了很好的制度环境，对于推进农村减贫事业作出了巨大贡献。按照当时的贫困标准，我国农村贫困人口由 1978 年的 2.5 亿人减少到 1985 年的 1.25 亿人，农村贫困发生率从 33.7% 下降到 14.8%[②]。

二、以贫困县为单位的开发式扶贫阶段（1986—1993 年）

政府能否维持有效的贫困治理，很大程度上取决于其贫困治理的制度创新能力或者面对新环境、新问题时的迅速调整和适应能力。1978 年开启的农村改革取得了很大成效，农民生活状况整体有了很可观的改善。但是在 1986 年，部分地区农业产量出现减产的情况，尤其是中西部地区、少数民族地区和革命老区等一些资源禀赋差的农村出现经济增长缓慢、农民增收难的问题。政府的贫困治理要求管理者时刻准备应对不确定性，通过靠前准备、反复酝酿、迅捷反应、不断试错、先发制人等各种科学认知和准确行动，不断地迎接各种困难和挑战。鉴于此，1986 年，我国成立了专门的议事协调机构“国务院贫困地区经济开发领导小组”（国务院扶贫开发领导小组办公室，简称领导小组），针对专门的区域展开有组织、有计划的扶贫开发。领导小组成立后主要负责拟订贫困地区经济开发的方针、政策和规划；组织对扶贫开发情况进行统计和动态监测，协调解决扶贫开发建设中的重要问题等。国务院成

① 鲜祖德 . 农民收入与工农产品价格关系研究 [J]. 中国农村观察，1995（3）：22-27.

② 胡富国 . 读懂中国脱贫攻坚 [M]. 北京：外文出版社，2018：18.

立领导小组后，各个省、自治区、直辖市和地（市）、县级政府也成立了相应的组织机构，负责本地的扶贫开发工作，至此，我国的扶贫事业有了坚实的组织基础，扶贫事业迎来了大发展的契机。国务院贫困地区经济开发领导小组成立后，着手拟定农村贫困人口和国家扶贫开发工作重点县的扶持标准，研究提出确定和撤销重点县的意见，从此，我国开始了以县为单位的扶贫瞄准单位，推进整县扶贫开发。1986 年国务院根据贫困程度确立了 331 个国家重点扶持贫困县，以县为单位的扶贫开发工作拉开序幕。

总之，政府的贫困治理能力并不是自发形成的，而是需要一系列从上到下、由内而外的系统性制度细节设计。这种系统的制度设计主要目的是增强政府贫困治理的统一规划、分级负责、分类指导的办法。按照 1986 年的标准，对于人均年纯收入 150 元以下的连片贫困区，由省、自治区、直辖市负责，适当集中人力、财力、物力，采取有针对性的扶贫政策，一片一片、一批一批地改变农村落后地区的面貌。经过区域瞄准型扶贫政策的推进落实，我国农村贫困人口由 1.25 亿减少到 8 000 万人，国家重点贫困县农民人均纯收入从 206 元提高到 484 元[①]。

三、八七扶贫专项行动计划阶段（1994—2000 年）

贫困治理是一项系统工程，提升贫困治理效能需要国家更多关注多元行动者和多元化利益主体的集体行动问题。贫困治理过程中涉及一系列不断演进、符合地方实践、能够回应反馈、朝向可持续发展的策略体系[②]。这些策略体系的形成源于人们对于非线性、不确定性、整体性以及复杂性的治理关系的处理。我国政府主导的扶贫工作主要通过自上而下的政府专项行动计划来推进。1994 年，国务院印发《国家八七扶贫攻坚计划》，党和国家领导人江泽民进一步提出扶贫开发与国家经济发展相结合，鼓励贫困地区以市场导向开发资源，发展生产力，注重提升贫困户的自我发展能力。扶贫方式由“输血救济”到“造血开发”，扶贫发生了新的发展，产生了质的飞跃。

《国家八七扶贫攻坚计划》主要采取了以下扶贫措施。首先，重新确定国家级贫困县。根据 1994 年的贫困标准，将国家级贫困县增加到 592 个，主要分布在自然条件很差的中西部的深山区、石山区、荒漠区、高寒山区、黄土高原区、地方病高发区以及水库区等。同时，根据该计划，国家划定了 9 399 个扶贫攻坚重点乡镇（占全国乡镇总数的 19.5%）和 70 333 个扶贫攻坚重点村（占全国行政村总数的 8.8%）[③]。以地域为单位，相对明确的扶贫对象划分，为下一步扶贫工作明确了方向；其次，项目式扶贫工作机制进一步细化。因地制宜地发展特色产业，以市场化方式帮助落后地区发展具有市场竞争力的扶贫经济实体，为落后地区脱贫致富夯实基础。国家为扶贫提供坚实的财政、信贷资金支持。国务院以及省市各级政府以各自的扶贫任务为标准，逐年加大扶贫投入。加大对扶贫项目的规划、设计、论证、筛选、审计等流程监管工作，让扶贫项目真正发挥作用。政府相关职能部门按照对口管理的原则，发挥技术和资源优势，全力保障八七扶贫攻坚任务的落实落地。最后，充分发挥社会国家集中

---

① 胡富国．读懂中国脱贫攻坚 [M]. 北京：外文出版社，2018:19.

② 蔡晶，毛寿龙．复杂“社会—生态系统”的适应性治理：扩展集体林权制度改革的视野 [J]. 农业经济问题，2011 (6):82-88.

③ 唐超，罗明忠，张苇锟 .70 年来中国扶贫政策演变及其优化路径 [J]. 农林经济管理学报，2019(3):283-292.

力量办大事的优势，动员社会力量参与八七扶贫攻坚计划。中央和地方党政机关有条件的企事业单位、各民主党派和工商联、各级工会、共青团、妇联、科协、残联、中国扶贫基金会和其他种类民间扶贫团体、大专院校、科研单位、人民解放军和武警部队等各级各类组织都积极响应国家号召，在自己的专业领域参与扶贫国家战略。在各方的协同联动下，八七扶贫攻坚计划取得非常好的扶贫效果。到 2000 年底，我国农村贫困人口由 1978 年的 2.5 亿人减少到 2000 年的 3 000 万人，农村贫困发生率从 30.7% 下降到 3% 左右。

四、以贫困村为单位的整村推进扶贫开发阶段（2001—2012 年）

2000 年以后，巩固温饱成果，提升发展能力，缩小发展差距成为我国贫困治理的主要战略。科学发展观指出发展成果由人民共享，实现资源分配中的公平正义。在扶贫中，重视“以人为本”，“必须紧紧依靠人民群众，团结一切可以团结的力量，调动一切可以调动的积极因素，把人民群众以及各方面积极性、主动性、创造性充分发挥出来，为实现全面建设小康社会宏伟目标而奋斗[①]。”尊重人民群众的主体地位，引导贫困群体转变观念，发挥政府主导作用，协调全社会共同参与。同时提出构建和谐社会，实现人与人、人与社会、人与自然的和谐关系，充分构建和谐社会是解决贫困地区问题的关键。2002 年，中共十六大报告提出要“全面建设小康社会”，明确了中国贫困治理的新目标。2006 年，全面取消农业税，工业反哺农业，促进农业发展，增加农民收入，减轻农民负担。在科学发展观指导下的扶贫工作更注重促进人的全面发展，更加注重统筹兼顾，综合推进专项扶贫、行业扶贫、社会扶贫、东西部协作扶贫和基本公共服务均等化。在此阶段，集中连片特困地区人民的发展权力得到充分保障和尊重。

2001 年 6 月 13 日，国务院印发《中国农村扶贫开发纲要（2001—2010 年）》，相较于以往，此次农村扶贫开发的工作瞄准对象进一步缩小，即在以前划定的 592 个国家扶贫开发重点县的基础上，选定 14.8 万个贫困村，以贫困村为单位，加强基本农田、基础设施、环境改造和公共服务设施建设。通过推行农业产业化经营、改善基本生活条件、创新科技扶贫、鼓励易地搬迁等手段整村推进扶贫。其纲要明确提出要加大科技扶贫力度，提高贫困地区群众的科技文化素质，提升扶贫成果的可持续性。注重扶贫工作的系统协作，坚持专项扶贫、行业扶贫、社会扶贫相结合，各项措施统筹发力。经过十年的努力，我国提前完成了联合国千年发展目标中使贫困人口比例减半的目标，实现了农村贫困人口数量的不断减少，为全面消除贫困奠定了坚实基础。

五、以贫困户为单位的精准扶贫阶段（2012—2020 年）

从改革开放到党的十八大之前我国的反贫困实践主要经历了以农村制度改革减少贫困的发展阶段、以贫困区域为主要对象的大规模开发式扶贫推进阶段、以解决贫困人口温饱问题为目标的八七扶贫攻坚阶段以及以巩固温饱成果为主要目标的综合扶贫开发阶段。在扶贫过程中，经历了输血式扶贫到造血式扶贫的转变，国家在扶贫的过程中，更加注重农民的主体活力，激发其内生动力。虽然扶贫过程中也出现了些许问题，但反贫困进程总体是持续向好的发展状态。党的十八大以来，我国从世界百年未有之大变局和实现党的第一个百年

---

① 中共中央文献编辑委员会 . 胡锦涛文选：第 2 卷 [M] 北京：人民出版社 ,2016：277.

目标的高度认识反贫困斗争，提出精准扶贫战略思想。国家把反贫困上升到“攻坚战”的高度，把脱贫作为全面建成小康社会的前提条件。注重发挥中国特色社会主义集中力量办大事的制度优势解决贫困问题，注重解决因贫困带来的人与人之间不平等的问题，注重在反贫困中体现社会主义实现全体人民共同富裕的优越性。按照2010年的国家农村贫困标准，我国2012年仍然有9 899万贫困人口，贫困发生率为10.2%。2015年11月29日，中共中央、国务院颁布《中共中央 国务院关于打赢脱贫攻坚战的决定》，把精准扶贫、精准脱贫作为贫困治理的基本方略。

首先，精准滴灌，加强精细化推进脱贫攻坚战。目标瞄准偏离是我国以往农村扶贫政策变迁中始终未能彻底解决的核心问题，也是当下精准扶贫政策落实中面临的主要难题。2013年党中央提出精准扶贫的重要理念。2015年，国家提出实现脱贫攻坚目标的总体要求，同时明确了“六个精准”和“五个一批”的要求及措施。2017年党的十九大对脱贫攻坚进行了全面部署，要求对标全面建成小康社会的目标攻克深度贫困堡垒，打响决战决胜脱贫攻坚的最后一枪。在推进精准扶贫的过程中，各级政府以谁是贫困户为核心关切，围绕“扶持谁、谁来扶、怎么扶、怎么退、如何稳”五个层次展开精准扶贫工作。针对“扶持谁”的问题，通过建档立卡实现贫困信息的精准定位，对帮扶对象进行精准识别，并有针对性地分析致贫原因，搭建起国家扶贫信息平台。针对“谁来扶”的问题，各级政府充分发挥政治优势和组织优势，在脱贫管理体制上，构建起中央政府和各省、市、县、乡齐抓共管的贫困治理格局，在具体工作上强调“工作到村、扶贫到户”，压实地方主要领导主体责任。大力推进驻村工作队、驻村第一书记等干部驻村帮扶制度，同时加强考核评估和巡视督查。针对“怎么扶”的问题，中央和各级政府结合贫困地区的不同特征分类施策，根据地方特点分别实行“五个一批”的特色化扶贫措施。针对“怎么退”的问题，中央构建了贫困退出机制，对贫困村县及人口的退出标准及流程进行规范化，同时广泛开展精准扶贫第三方评估工作，实行脱贫成效“回头看”，确保脱贫数据真实有效。针对“如何稳”的问题，政府设立脱贫攻坚和乡村振兴有效衔接的过渡期政策，引导各地做好脱贫攻坚与乡村振兴的过渡和衔接，同时继续做好教育、就业等保障工作，守住脱贫攻坚成果。

其次，搭建平台和机制，协同推进精准扶贫战略实施。贫困治理是一项复杂的多主体、多维度系统性工程，需要以政府为主导，充分调动社会资源，在多主体协同下构建社会扶贫大格局。精准扶贫不仅是国家特定政策的执行过程，也是国家通过扶贫资源再分配有效地融入基层社会，提升农村社会治理的能力的过程。精准扶贫过程中，以脱贫为目标，统筹中央、省、市、县、乡，政府、企业、社会以及贫困户等各个主体的力量，在理顺贫困治理主体间关系上建构系统协作的机制成为精准扶贫战略成功的关键。党的十八大以来，在党的团结带领下，政府、市场形成合力，形成了跨越地区、凝聚各部门、团结各单位、整合全社会的社会扶贫体系。如加强东西部扶贫协作及对口支援工作，促进各省份之间干部、技术人员及企业等资源流通互惠、缓解区域发展不平衡问题；实行“万企帮万村”行动，动员民营企业通过产业发展、就业、公益救助等形式对贫困村进行定点帮扶。党委、政府、企业、各社会组织，以及他们的知识和资源的融合在农村产业生态系统中形成特色的竞争优势，在产业政策平台支撑下创造出新的经济增长点，进而推动贫困地区的发展。

最后，构建提升贫困农民“造血功能”的内在动力机制。贫困户是扶贫工作中最基本、最活跃的因素。扶贫政策要取得可持续性效果的关键在于激发贫困户的“造血”功能。从适应性治理的视角来看，贫困户造血功能的形成主要依赖于他们适应能力的成长。适应能力的养成依赖于人们具备随时准备冒险进入陌生环境开展行动与尝试，以应对不断变化的环境的主观意识和能动性。随着社会政治经济环境发生变化，原有扶贫政策必然会作出适应性调整。贫困户需要识别这一变化，并及时调整自己的行为，以适时地迎接环境变化的挑战。识别是适应的前提，而识别主要取决于贫困户的学习能力。唯有增强学习本领，对新知识秉持开放态度，适时更新观念与认知，才能具备应对市场风险的能力，不被时代抛弃。要提升贫困户的认知能力，因地制宜办教育是必由之路。一是要建立基础教育、职业教育、成人教育三位一体的教育体系，尤其是职业教育要同贫困地区的经济社会发展需要以及农民脱贫致富的需要相结合。二是要从农村实际出发，以培养能脱贫致富的知识型劳动者为教育事业发展的主要目标，兴办乡土特色的教育。在农村要把知识教育同学习实用技术结合起来，让农民看到自己通过学习知识和技术可以脱贫致富，以激发农民学习的动力。

第三节　乡村振兴的发展哲学理论分析①

发展哲学是“发展学”与“哲学”相融合的学科，也是马克思主义哲学理论形态的重要分支，处于社会发展理论的最高层次。我国乡村振兴的相关理论回答了新时代乡村发展为了谁，乡村发展中须理顺哪些关系以及如何走中国特色城乡融合发展道路等根本问题。以发展哲学这一理论视角来深入剖析乡村振兴理论，审视其中的发展逻辑和发展思维，有利于构建中国特色的国家治理模式。

发展哲学是马克思主义哲学理论形态的重要分支，处于社会发展理论的最高层次②。党的十八大以来，党中央高度重视乡村发展问题，在深刻把握中国国情和深入掌握城乡关系变化的基础上，对新时期“三农问题”的改革和发展作出了规划及部署，提出了“产业兴旺、生态宜居、乡风文明、治理有效、生活富裕”的乡村振兴总要求。

一、发展目的论：以农民为中心推进乡村振兴

主体性发展是指向人的“选择能力”和“可行能力”的发展，强调推进发展的出发点和归宿都是人③。马克思主义发展哲学首先把发展的目的落脚于“现实的历史的人”，即人的主体性的凸显，人的自由全面发展是一切发展的逻辑前提。从发展哲学的视角来探析我国乡村振兴理论的思想内涵，首先要追问的是“发展为了谁”“发展的目的”以及“发展的意义”是什么。我国当前“三农”工作重心的转移和“三农”问题的历史性转变，反映了新阶段的发展现实，也指明了解决乡村振兴发展问题的根本着力点：发展为了农民，发展的主体是农民。

中国既是一个农业大国，也是一个农民大国，“三农”问题关系到我国现代化建设的发展进程和社会长期稳定与发展④。新中国成立初期，我国迫于工业基础薄弱、境外势力的封

---

① 本节内容发表在太原理工大学学报(社会科学版)2022年第3期。此次出版时有所删减。

② 邱耕田．发展哲学的五大前沿问题[J]．新疆师范大学学报(哲学社会科学版)，2016(6):29-37.

③ 卢俞成．“好发展”与美好生活：习近平关于共享发展理念重要论述的价值逻辑[J]．广西社会科学，2021(5):31-38.

④ 陈野，王平．历史站位与全局关切：习近平关于乡村振兴战略的重要论述[J]．浙江学刊，2018(6):22-32.

锁围堵的双重压力，选择了重工业、轻农业，重城市、轻农村的国家发展战略，因此，农业、农村与农民为国家工业化和综合国力的发展作出了巨大的牺牲和贡献。改革开放后，我国逐步推进农村经济体制改革，极大地调动了农民的积极性，解放和发展了农村生产力，实现了从过去的基本解决温饱跨越到现如今全面建成小康社会。当前我国并没有从根本上改变城乡二元结构的状况，也没有从根本上扭转当前城乡发展之间差距逐渐拉大的趋势①。

围绕发展目的论，以人为本谋“三农”，将农民问题作为“三农问题”的核心，将增进、维护和保障农民利益作为农民问题的核心是乡村振兴的前提。推动乡村振兴，要把困难群众的生产生活问题作为推进乡村振兴的底线和起点，兼顾不同群体的利益需求，多算农民身边的小账。要充分调动和保护农民的积极性和创造性，使人民能够真正地站到主体位置上。由于社会历史原因，中国长期处于城乡二元分割的状态，使得部分偏远的农村地区相对落后封闭。这些地区的农民也相对应地存在不同程度的受教育程度不高、观念保守落后、市场经济意识淡薄、民主法治思维欠缺等弱点，这些因素使得他们很难在市场经济的大潮中站稳主体地位，发挥主体作用。帮助农民成为城乡互促、共同繁荣的一体化发展格局的主体力量和乡村振兴真正可以依靠、懂技术、有文化、会经营、高素养的新型农民，需要坚持“尊重—教育—引路”的工作方法。尊重农民是指在工作决策和部署的过程中要做到民主、遵循民意，要让广大农民接受和认可。教育农民是指在推进农业农村现代化的实践中使广大农民在思想上、技术上得到改造和提升。为农民引路是要让广大农民知道路在何方，劲往哪使。

二、发展关系论：以理顺关系打通阻碍乡村振兴的堵点

社会发展本身是社会有机体的协同互动过程。马克思和恩格斯认为，人类社会是一个由经济、政治、文化等多个要素相互联系的系统，社会的发展是由多个要素相互联系、相互制约、相互作用的复杂的系统过程②。乡村振兴是一项系统工程，发展哲学视域下的乡村振兴更多关注多元行动者和多元化利益主体的集体行动问题。以捋顺关系为枢纽的乡村振兴理论为解决发展中的关系失调问题，提供了一系列不断演进、符合地方实践、能够回应反馈、朝向可持续发展的理论体系。当下推进乡村振兴战略落地落实，重点和难点是处理好乡村振兴战略实施中政府与市场的关系、党建引领与社会主体参与的关系和脱贫攻坚与乡村振兴有效衔接这三大关系。

（一）理顺有为政府与有效市场的关系，推进乡村产业振兴

政府与市场之间的关系是现代国家经济发展中必须处理好的重大问题之一。产业振兴是乡村振兴的决定性因素，实现乡村产业兴旺首先需要处理有为政府与有效市场之间的关系。在 2013 年到 2020 年的八年精准扶贫战略实施过程中，一些地区在行政压力下由干部蹲点包抓推动乡村产业发展，迅速实现了脱贫攻坚的目标任务。但在此过程中，一些地方遗留下了政府过度干预乡村产业市场、乡村产业发展后劲不足等问题。在当下乡村振兴战略深入推进实施的进程中，市场作为“看不见的手”，在资源配置过程中起着至关重要的决定性作用，要在乡村产业振兴中处理好有为政府与有效市场之间的关系。处理好乡村产业发展中的政府与市场关系，推进乡村产业发展要做到以下几点。

① 曹立．推进精准扶贫与乡村振兴有效衔接 [J]. 中国党政干部论坛 ,2020(5):55-58.

② 李维意，刘文敏．马克思的发展哲学十论 [J]. 河北大学学报（哲学社会科学版）,2009 (5):17-22.

一是要坚持因地制宜、分类指导的原则，以市场为导向，充分利用各自的资源禀赋。山区可以发展林、果、茶和饲养业，沿海要重点发展养殖和深加工等产业。二是要解放思想，积极探索有利于提升农村集体经济实力的具体组织形式和发展道路。除了乡村两级办的各种企业外，要积极开拓其他形式如集体与个体联营型，集体与个体股份型等。三是立足于乡土本色、服务大农业发展格局和特色产业，大力扶持和发展民营企业。要充分发挥民营企业“船小好调头”的弹性与灵活机制，在贫困的乡镇找准扶贫产业，推广“一村一品”。四是政府要为集体经济发展营造良好环境，提供税收、贷款、资金投放、原材料供应等各方面的政策扶持。

（二）理顺党建引领与社会广泛参与的关系，激活乡村发展活力

中国共产党的领导是中国治理结构的特色和独特优势。在我国的治理体制中，党委发挥着战略领导和决策中枢作用。各级党委通过对政府行政体系的全面嵌入，将党的行动逻辑、意识形态、价值导向等深层“基因”嵌入各级政府组织中，形成协同性的治理结构①，即作为互动的主体，不仅相互嵌入，而且深深地嵌入与其所处的结构环境之中。国家通过自上而下、由内而外的科层组织动员体系，利用现代化的先进技术渗透机制，通过主导公共资源的流向与配置，实现对乡村振兴运行过程的强力干预，体现国家自主性。只有党委、政府和乡村社会力量在对话、协商的基础上建立默契的合作机制，形成良性互动的沟通环境，乡村振兴战略才可能实现良性运行。

作为乡村振兴第一线的核心力量，农村基层党组织要全面提升组织领导和推进乡村振兴战略实施的能力和水平。过去偏远乡村基层党组织较涣散，村里的党员、能人外出谋生，在村人口大量外流，留在村里的村干部多是学历偏低、年龄偏大，缺乏带领村民走上致富路的能力，在素质、能力上不足以承担乡村振兴的重任。驻村“第一书记”作为夯实村党组织建设的重要举措，既是推进乡村基层党组织的“火车头”，又是筑强乡村振兴基层的“堡垒”②。当下在我国推进乡村振兴进程中要继续发挥驻村第一书记在农村基层党组织建设中的重要作用。要选派合适的驻村干部担任“第一书记”，为进一步梳理村“两委”的关系、带领村党支部开展工作发挥积极作用。

在党组织引领下，凝聚全社会力量参与乡村振兴事业是实现乡村振兴的治本之策。为此，在乡村振兴战略实施中，各级地方政府要发挥制度供给功能，制定发展和依法管理社会力量参与乡村振兴的政策。即政府要从立法、政策和资金等方面，增强各类社会组织参与乡村振兴的能力，完善多元化的社会监督机制。除了乡村经济组织之外，在乡贤参事类、平安巡防类、乡风文明类、志愿服务类、矛盾调解类等多个方面培育乡村社会组织，用组织化的手段充分保障村民的主体性③。

---

① 王浦劬，汤彬．当代中国治理的党政结构与功能机制分析 [J]. 中国社会科学，2019(9):4-24.

② 陈晓宏．“党建引领文创”助推乡村振兴的新探索：以福建省屏南县龙潭村为例 [J]. 中共福建省委党校（福建行政学院）学报，2020(6):63-70.

③ 李怀瑞，邓国胜．社会力量参与乡村振兴的新内源发展路径研究：基于四个个案的比较 [J]. 中国行政管理，2021(5):15-22.

（三）理顺脱贫攻坚与乡村振兴的关系，实现发展战略的有序衔接

2020年既是全面建成小康社会决胜之年，也是决战决胜脱贫攻坚收官之年。脱贫摘帽不是贫困地区人民群众努力的终极目标，而是新的起点。全面推进脱贫与乡村振兴有效衔接至关重要，打赢脱贫攻坚战后，我国当前扶贫任务的重心也出现了新变化：从过去解决绝对贫困到现如今解决相对贫困，建立起解决相对贫困的政策体系与工作机制，推进减贫战略与乡村振兴战略有效衔接、平稳转型①。中央一号文件连续十六年关注"三农"问题②，接续衔接稳住农业基本盘，加快农业农村现代化建设，全面推进乡村振兴，事关全面建设社会主义现代化的战略全局，意义重大且影响深远。

巩固和拓展脱贫攻坚成果是实施乡村振兴战略的根本前提和重要基础，没有脱贫攻坚成果的巩固和拓展，乡村振兴就成了无源之水、无根之木。脱贫攻坚与乡村振兴的有序衔接关键在于政策统筹。在规划统筹中，将贫困地区待完成的任务、工程、项目等纳入乡村振兴战略规划或实施方案，强化后续支持，使其长效发挥作用。政策统筹中，需要根据现实情况，对政策风险、政策优势进行全面考量，将不合时宜、作用不大的政策进行合理优化升级，同时坚持实行有效合理的政策，统筹各项政策措施，发挥政策组合的最大优势，实现在新的历史时期中脱贫攻坚与乡村振兴的有机衔接。监管统筹中，要做到对扶贫成效的实时监管，在乡村振兴中，加强对返贫群众的关注，实现稳定脱贫。工作统筹中，在推进乡村振兴的建设中，要充分借鉴脱贫攻坚中坚持的有效工作机制，落实一整套责权机制、考评机制、监督机制等机制体系③。

三、发展道路论：走中国特色城乡融合发展道路

发展哲学是人类思想把握时代发展问题的系统化、整体化呈现。"我们审视发展现实、解决发展问题、重塑发展未来，都需要一种整体视野，从而整体性的观念和实践方法成为我们从事发展实践的重要的方法论武器。"④从整体性发展的视角探究乡村振兴是发展哲学的本色。我国乡村振兴战略形成了站在城乡发展总体视野高度引领农村发展的一系列创新性发展机制。

（一）城乡融合发展的马克思主义发展哲学基础

马克思和恩格斯在阐述无产阶级夺取政权后如何巩固农业的基础地位进而发展社会经济的过程中，强调农业是国民经济的基础。马克思和恩格斯认为，农村与城市发展关系的演变是一个从"统一但混沌"到"对立"，再由"对立"到"融合"的过程。城市与乡村的对立是由于物质劳动和精神劳动的分工而产生的，这样的分离始终贯穿着人类的全部文明史。城乡对立虽是由生产力与社会分工造成的，但城乡对立又同时进一步固化了这种分离，并对经

---

① 曹立．推进精准扶贫与乡村振兴有效衔接[J]．中国党政干部论坛，2020(5):55-58.

② 成长春．"三农"工作重心的历史性转移[J]．红旗文稿，2021(5):32-35.

③ 高强．脱贫攻坚与乡村振兴有机衔接的逻辑关系及政策安排[J]．南京农业大学学报（社会科学版），2019(5):15-23.

④ 邱耕田．发展哲学的五大前沿问题[J]．新疆师范大学学报（哲学社会科学版），2016(6):29-37.

济社会产生了巨大影响，如造成工农差别、城乡矛盾、社会收入分配进一步拉大等①。马克思指出，要把农业与工业结合起来，通过农业产业化来促进农业产业协调发展，推进城乡融合，逐步消灭城乡对立。

（二）城乡二元结构形成的历史脉络

城乡发展问题一直是我国社会主义建设面临的重要课题，党的历届中央领导集体对城乡发展问题的认知和探索，促进了城乡发展理论的深化和升华。新中国成立初期，以毛泽东同志为核心的第一代中央领导集体将工作重心由乡村转移到城市，走优先发展重工业，以重工业为中心的经济路线，并兼顾乡村和农业的发展。这就确立了新中国成立早期处理城乡问题的政策取向，推动了国民经济的快速发展②。但是以城市、重工业为主的发展思路导致农业农村的发展长期处于相对落后的状态，城乡二元结构逐步形成并固化。党的十一届三中全会以后，以邓小平同志为核心的第二代中央领导集体提出要以大力发展乡镇企业为载体，促进城乡之间、工业与农业之间的互动③，城乡关系得到一定程度的缓和。然而，由于以城市为中心的发展趋向没有大的转变，加上城乡之间的税收制度、户籍制度、产权制度等体制机制层面的障碍，20 世纪 80 年代末期以后，城市与农村的发展速度拉大，城乡二元结构的态势进一步深化。以江泽民同志为核心的党的第三代中央领导集体从城乡发展的实际出发，提出城乡均衡发展的思想。党的十六大以后，胡锦涛全面贯彻“三个代表”的重要思想，深刻反思和总结世界各国工业化和城镇化进程中城乡关系发展的普遍规律，提出“统筹城乡发展战略思想”和“两个趋向”的重要论断。从此，我国城乡关系和工农关系进入了工业反哺农业、城市带动乡村发展的新时期。

党的历届领导人将我国国情与马克思主义唯物辩证法相结合，坚持实事求是，不断推进我国城乡融合发展理论体系的深化与创新发展。在统筹城乡发展战略的推动下，我国城乡二元结构的发展态势得到了一定程度的遏制。但是城乡的发展差距仍然在拉大，农业农村的现代化与城镇化、工业化进程的不协调没有得到根本性的解决。党的十八大以来，党中央提出城乡一体化发展战略。在此战略的引导下，全国各地创新性地推进城乡之间要素进行自由平等的流动，城乡公共服务和基础设施逐步均衡发展，努力构建出一种良好健康的新型城乡关系。党的十九大提出乡村振兴的伟大战略，越来越多的人认识到繁荣的城市和落后的乡村并存局面不解决，中华民族伟大复兴目标就难以实现④。2020 年 10 月，党的十九届五中全会召开，提出要全面推进乡村振兴，强化“以工补农、以城带乡，推动形成工农互促、城乡互补、协调发展、共同繁荣的新工农城乡关系，加快农业农村现代化”。由此，城乡融合发展成为构建新型城乡关系的指导思想。

---

① 中共中央马克思恩格斯列宁斯大林著作编译局．马克思恩格斯选集（第 1 卷）[M]. 北京：人民出版社，2009，556-557.

② 张慧鹏．毛泽东构建新型工农城乡关系的探索与启示 [J]. 马克思主义与现实，2017（6）：185-192.

③ 彭晓伟，林伯海．邓小平的城乡互动思想及其对统筹城乡发展的启示 [J]. 毛泽东思想研究，2012(4):101-105.

④ 朱启臻．全面实施乡村振兴战略破解新时代“三农”问题 [J]. 中国党政干部论坛，2021(5):33-37.

（三）城乡融合发展思想的理论创新

1. 构建城乡融合发展新格局

我国当前的社会主要矛盾已经转变为：人民日益增长的美好生活需要和不平衡、不充分的发展之间的矛盾，其中最突出的问题在于城乡发展的不平衡。新时代“重塑城乡关系，走城乡融合发展之路”，“要紧扣城乡关系重塑，对城乡改革作出统筹谋划，加快构建城乡融合发展体制机制和政策体系”①，从此我国开启了构建城乡融合发展新道路和新格局的道路。后疫情时代，加快构建以国内大循环为主体、国内国际双循环相互促进的新发展格局是促进我国经济高质量发展，实现中华民族伟大复兴中国梦的重要途径。作为国内大循环的重要组成部分，城乡之间的双向循环直接关系到新发展格局能否顺利布局实施。以城乡融合发展思想为指导，高质量发展阶段的城乡发展新格局要“高度重视并精准规划建设中西部的小城市和乡镇农村，稳步建立起大中小城市和乡镇农村融合协调发展的生产力布局城乡体系”②。

2. 健全城乡融合发展的体制机制

机制是一整套能够将事物内部的诸种要素有机联结起来，以便促进或阻止事物发生某种变化的结构关系或运行逻辑。“机制既非实体或行动者，亦非制度，而是促使行动者按所定轨道行为并形成某一领域稳定秩序的安排。”③ 中国特色城乡融合发展的运行机制是在现有的政府管理体制约束下，城市和乡村各级政府、企业以及相关社会参与主体之间以促进区域协调发展为目标所开展的一系列相对稳定的行为沟通模式。创新城乡融合发展机制对促进城乡高质量发展具有重要作用。从发展哲学的视角来看，以中国特色城乡发展机制及其变化规律为遵循，可以为新时代创新和优化城乡发展提出有针对性的对策和建议。推动城乡发展、为农业农村现代化建设提供新动能，关键在于构建城乡互补、以城带乡、工农互促、协调发展的新型城乡发展关系。尊重城乡发展规律，破除乡村振兴中不合理的体制机制障碍，健全城乡融合发展机制，缩小城乡差距；推动城乡要素双向流动、平等交换，实现城乡等值化，激活发展的内生动力④。

总之，新时代城乡融合发展道路，是对我国长期以来的城乡建设实践经验进行了深入的系统认知和深刻的反思，在充分运用辩证思维、系统思维的基础上形成的一套科学发展理论。新时代乡村要振兴，必须走城乡融合发展道路，这一思想既与马克思发展哲学的相关思想一脉相承，又与时俱进地提出了中国化城乡统筹发展的新思路。

---

① 许经勇 . 新时代城乡融合发展的若干思考 [J]. 学习论坛 ,2020(1):32-37.

② 黄志亮 . 高质量发展阶段的中国经济发展道路论 [J]. 中国经济问题 ,2021(1):5-16.

③ 金东日 . 论机制 [J]. 广东社会科学 ,2014(5):72-80.

④ 刘彦随 . 中国新时代城乡融合与乡村振兴 [J]. 地理学报 ,2018(4):637-650.

第二章　组织动员：贫困治理的组织保障

如何对日益多元、离散和异质的社会实施组织化动员，引导并激励社会力量参与国家重大战略并在此过程中提升国家能力是国家治理领域的重要研究议题。组织动员是中国特色社会主义的政治优势，是我国政府长期以来形成的重要工作方式之一。精准扶贫作为一种特定的贫困治理方式不仅仅是特定国家政策运行过程中不同主体间利益博弈的过程，而且是国家通过政策落实提升自主性，实现国家利益、彰显国家公共性的过程。脱贫攻坚的伟大胜利源于在党中央集中统一领导下，各级各类组织广泛协同，冲破“本位主义”的藩篱，实现参与主体的集聚、组织资源的整合和行动网络的协同。党的十八大以后，党中央动员大量社会力量参与精准扶贫战略。国家通过自上而下、由内而外的科层组织动员体系，利用现代化的先进技术渗透机制，通过主导公共资源的流向与配置，实现对社会主体的广泛动员，体现国家自主性。中国的贫困治理取得举世瞩目的成就，离不开组织动员机制的极大发力。中国贫困治理模式的最大创新在于通过组织动员把扶贫变成一个全社会广泛参与、共同努力和相互竞争的政府与市场、政府与社会、上级与下级、不相隶属的组织机关单位之间的合作行为。

第一节　组织动员的历史沿革

组织动员是指“围绕治理目标，以组织形式对权力、资源和参与治理的（潜在）多元行动者进行发动和再组织并构造出一种协同体系的行动”①。组织动员是中国特色的治理优势转化为治理效能的中间机制。组织动员的开展，实质上是动员主体希望通过有效动员手段，将主体嵌入社会客体中，并对客体或整个环境作出预期内的改变。动员客体是受到主体改变、在进行动员过程中目标实现所作用的对象。现代社会的不同群体之间具有差异性、离散性等诸多特点，开展动员的主体需要根据客体之间差异性进行不同方式的动员。

一、组织动员的内涵和功能

“动员”一词在英语词典里被解释为：鼓励服务对象寻求相关信息的行为。在第七版《辞海》中“动员”一词意为“把国家的武装力量由和平状态转入战时状态，以及把所有的经济部门（工业、农业、运输业等）转入供应战争需要的工作”。可见动员一词最初运用在军事领域，随着时代发展，才逐渐扩展到政治生活、社会生活等其他领域。动员作为中国特色社会主义的政治优势，是我国长期以来形成的政府管理方式之一。动员从种类上分为政治动

① 符平，卢飞．制度优势与治理效能：脱贫攻坚的组织动员 [J]. 社会学研究 ,2021 (3):1-22.

员、社会动员、组织动员等,学术界对不同种类的动员均有多种定义。

“政治动员,是指国家、政党等政治动员主体,为实现其政治任务和政治目标,而运用多种手段和方式去激发和鼓动政治动员客体政治参与的积极性和主动性,以寻求对其在政治上的认同和支持的行为或过程。”[①]“社会动员是指有目的地引导社会成员参与重大社会实践活动的过程。”[②] 随着时代发展,政治生活和社会生活的主题都发生了变化,中国共产党根据实际开展政治动员、社会动员和组织动员等三种不同的动员模式。随着时代的变迁,三种动员模式在党的动员体系中的构成发生了巨大变化,具体表现在内容、方式和结果三个方面。

首先,随着时代变迁,动员内容由参加革命转向参与公共服务。在革命战争时代的政治运动中,组织动员就是政治动员,当时动员的主要内容就是发动和组织群众积极参加革命、消灭剥削阶级,建立无产阶级领导的为人民服务的政权。受时代和社会背景的影响,在改革开放前,我国主要采取政治动员和组织动员相结合的方式[③]。改革开放后,邓小平指出“人民需要安定团结的政治局面,经常搞运动,实际上就安不下心来搞建设”[④],从此,中国共产党开展动员活动的内容和方式逐渐变成了社会动员,政治动员逐渐淡出了国家治理的议事日程。以经济建设为中心的社会动员主要内容是弥补政府科层组织管理的弊端和不足,以便为人民群众提供更好的公共服务。

其次,随着时代变迁,动员方式日渐多样化。在革命战争时代,由于时代背景的局限性,动员方式的大同小异,无论采取哪种动员方式,动员内容都是围绕着战争为主题进行。动员采取的方式有:靠语言劝说、靠传单布告大字报等宣传鼓动的方式、靠文艺活动或群众运动的方式进行动员[⑤]。由于受教育水平有限,通过报纸、书籍等方式进行动员的机会比较少,因此,党通过各级组织开展办学教育,开展扫盲活动,以此提高人民群众的识字率和思维认识水平,开展动员活动[⑥]。革命年代结束后,三种动员在动员方式上逐渐有了不同的表现。政治动员主要以体制内部的层层管理模式进行,通过科层制管理进行政治动员,以此完成政治任务。社会动员不同于科层制组织的运行逻辑,更像是跨层级管理,但二者又存在不同之处,跨层级管理在体制内进行,但社会动员不局限于体制内部,也不会有层层压制的情况。社会动员容易让人们产生一种集体感和融入感,即一般通过举行社会团体活动、网络宣传等社会自发性活动为主。组织动员始终贯穿于政治动员和社会动员中,在革命战争年代,具有动员能力的组织都是在党的领导下产生,为执行党的政策展开工作。这些组织是革命进程中的一环。当时的组织动员将群众组织起来环环相扣,为更好地进行革命做准备工作。由于社会条件限制,人们的思想和行为方式,以及各种政策、观念、信息的获取,都是通过依靠各级组织,层层传达、层层动员,以此来达到政治动员效果。随着现代科学技术的发展,网民群体规模逐渐增大,网络媒体成为影响公众思想和行为的重要渠道,由此,网络宣教成为当今社会组织动员的主要方式。

---

① 杨正军,张纵远.中国共产党政治动员研究的回顾与展望 [J]. 云南行政学院学报 ,2018(3):172-176.

② 张骞文,杨琳.社会动员的理论内涵和实践路径 [J]. 学术论坛 ,2015 (8):47-51.

③ 苗壮,柳婷.新时代中国共产党社会动员:演变、价值、边界 [J]. 学术交流 ,2021(2):15-23.

④ 邓小平.邓小平文选:第 2 卷 [M]. 北京:人民出版社,1994,349.

⑤ 关海庭.中国共产党的政治动员述论 [J]. 中共党史资料 ,2009(2):150-158.

⑥ 杨正军,张纵远.中国共产党政治动员研究的回顾与展望 [J]. 云南行政学院学报 ,2018,20(3):172-176.

最后，动员结果不同。在革命战争时代，组织动员和社会动员的开展都是为了更好地进行政治动员。通过政治动员，底层群众明确了革命的方向，革命热情空前高涨，思想政治觉悟得到很大提升，增强了战胜敌人的信心。但以经济建设为中心的和平年代动员的结果就不同。在和平年代，开展组织动员和社会动员，当动员主体为国家和政府时，动员结果才会围绕政治动员展开；当动员主体为群众百姓时，由人们的自主性与社会的开放性所决定，动员结果则更多地体现在思想道德、物质生活和精神生活方面的期望、价值取向和态度等方面，呈现出多样性的特点。

总之，本书所分析的组织动员主要指的是在脱贫攻坚战略实施过程中，党和政府发挥社会主义国家集中力量办大事的制度优势，组织协调从中央到地方、从国家到社会的多部门、多主体力量参与扶贫，运用科层组织的压力和国家资源分配的力量把扶贫的目标转化为各级各类组织和人员的自觉行动，从而保证预期战略目标达成的机制。

二、组织动员的历史传承

亨廷顿在分析国家现代化与政党关系时指出动员和组织是共产党展开政治行动的重要方式，“能一身而二任的政党和政党体系可以使政治现代化与政策发展二者并行不悖”①。组织动员是党和政府百年来开展工作的重要经验。在党成立之初，就已将教育工人群众纳入动员的重要内容。中央革命根据地建立之后，中国共产党以推翻反动政权为目标的政治动员理论逐步形成了完整的体系。当时，中国共产党以土地改革为抓手，通过分田分地动员贫苦农民参加革命。中央根据地建立后的组织动员就具备科层组织的雏形，即从中央一直到乡村的党支部都纳入垂直的组织动员系统，要求每一名党员、每一名团员、每一个工作人员都严格按要求参加组织活动。除了打土豪分田地之外，当时的组织动员形式还包括举行座谈会、讨论会、宣传晚会、组织慰问队慰劳红军、办专题墙报、制定政治口号等。抗日战争时期，党和红军队伍不断发展壮大，有了稳定的根据地，组织动员亦日趋完善，形成了一整套的动员方式。抗战时期中国共产党运用群众动员的组织机制把边区社会的民众很快吸纳到各种组织中去。即通过组织建设的途径达到政治建设的目的。在当时，全社会百分之九十五的人民都参加了不同的组织，农民、青年、工人和妇女通过参加组织，参与组织动员，过上了有组织的教育生活②。

中华人民共和国成立后至改革开放前的组织动员实质上是一种阶级斗争型的动员，或者称之为革命型的动员③。中国共产党在取得政权后，以无产阶级的身份动员社会各阶层展开阶级斗争型动员，需要社会动员的力量以稳固执政地位、维系党同群众的关系，以实现中国社会的整体性转型，迅速建成社会主义制度。在全力恢复经济，保卫和建设新生的人民政权过程中，中国共产党以各个层级的党组织建设为核心形成了覆盖全国的组织动员网络体系。其体系包括国家层面的各级党组织、工会、妇联、共青团等人民团体、各类企业和社会组织中的党组等。在社会主义建设初步探索时期，中国共产党把革命战争时期依靠群众、动员

① 塞缪尔·P. 亨廷顿 . 变化社会中的政治秩序 [M]. 王冠华，等，译. 上海：上海人民出版社，2008，336

② 张孝芳 . 抗战时期中共群众动员的组织机制分析：以陕甘宁边区的社会教育运动为例 [J]. 党史研究与教学 ,2008(5):67-72.

③ 张屹，张嘉友 . 家国之间：抗战时期中共对传统家庭的改造与民众动员 [J]. 西南大学学报（社会科学版）,2021 (3):208-218.

群众的政治动员方法应用于新中国建设，并取得了伟大的成就，但同时以阶级斗争为纲的组织动员也带来了一些消极影响。

进入改革开放新时期，解放思想、实事求是成为时代精神的主题。由此，党的组织动员不管是形式还是内容都发生了重大转变。十一届三中全会后党和国家的工作重心转移到经济建设上来，市场经济体制改革和政治体制改革使社会结构发生了急剧变化，各种社会力量猛增并多样化，出现了组织动员错综复杂的现象。社会经济发展促进各类社会群体如雨后春笋般迅速增长，他们的政治参与意愿也与日俱增。由此，党和国家不再是组织动员的唯一主体。多元动员主体的发展和成长，时代背景的变化使得党和政府的动员模式由以政治动员为主向“组织动员”和“社会动员”为主转变。“与革命时代的社会动员不同，在市场化改革时期，党政群组织及其所派生出来的官办社会组织，继续承担组织渗透、社会控制和统战工作，革命动员被经济发展与社会稳定动员所取代。”①

在现代化建设新时代，脱贫攻坚战略作为中国特色社会主义新时代的一项国家战略，其顺利实施需要动员党、政府、企业、社会和农民的广泛参与。精准扶贫战略推进过程中，中央政府通过科层制体系将政令层层传递至基层政府，通过组织结构性压力和动力推动全社会力量参与扶贫，以便完成预期扶贫任务。在精准扶贫战略实施中，干部驻村、部门帮扶与跨层级治理等运作机制，改变了乡村治理结构，呈现出组织动员、跨部门互动和人格化交往等非科层化运作的特征，使政府动员机制从组织动员开始向协同化方向发展②。组织动员契合了中国现代化的要求，因为“处在现代化之中的政治体系，其稳定取决于其政党的力量，而政党强大与否又要视其制度化群众支持的情况”③，组织动员则是强化群众支持的有效手段。在乡村振兴战略实施过程中，需要基层党组织和乡镇、村庄协调科层化行政任务和灵活性组织动员之间的关系，借鉴和发挥党的优良传统，推进基层治理体系和治理能力的现代化。

第二节　贫困治理中组织动员的机制及特点

基于工具理性的科层组织体系是现代国家基础型权力运行的基本要件之一。只有建立起遍布全国的完备行政组织体系，国家的政策才有可能自上而下得到有效执行。党的十九大报告提出把精准脱贫作为三大攻坚战之一。各级党委和政府都高度重视，建立了横纵结合、职责分明的组织体系，保障精准扶贫政策落实到位。

一、贫困治理中组织动员的机构设置

（一）纵向组织设计：从国务院到各级政府的专门扶贫机构设置

纵向“一竿子插到底”的扶贫办。从中央到地方各级政府，建立了一个上下对口、整体

① 周庆智．社会动员与政治参与：现代国家建构的视角 [J]. 江苏师范大学学报（哲学社会科学版），2015(1)：122-130.

② 张国磊．干部驻村、部门帮扶与跨层级治理：基于桂南 Q 市“联镇包村”制度运作分析 [J]. 南京农业大学学报（社会科学版），2020(2):26-38.

③ 付建军．党群治理转型与基层协商民主的发展逻辑 [J]. 探索，2021(3):118-128.

联动、人员稳定、职责专属的扶贫组织机构和职责体系，从国务院到省、市、县设扶贫办，乡镇设扶贫专干。通过综合比较全国各省、市、县扶贫办的职责设置，县级扶贫办在精准扶贫战略实施中发挥着上传下达的枢纽作用。以本项目重点观察的HS县扶贫办为例，县级扶贫办的职责和机构设置总体如下。

HS县扶贫开发办公室有11个内设机构，分别是办公室、信息平台管理股、财务室、监察室、信息宣传股、产业项目股、项目规划股、扶贫移民股、督导考核股、科教股、内审股。

1. 办公室职责

办公室负责上传下达，做好来文、来电收发、登记、建档和存查等工作；负责组织局机关人员学习和参加各种会议，并做好记录；负责局机关日常值班、考勤统计、来信来访接待、印鉴使用、报刊分送、档案整理和车辆管理等工作；负责局机关办公用品等后勤保障工作；负责承办县委、县政府及脱贫攻坚领导小组办公室交办的其他事项。

2. 信息平台管理股职责

信息平台管理股负责建档立卡系统管理，适时进行动态调整；负责及时准确提供建档立卡有关信息、数据；负责大数据平台的数据录入、动态管理、成果展示；承担县脱贫攻坚领导小组办公室交办的其他事项。

3. 财务室职责

财务室负责财务计划的编制和综合性财务报表收集、整理及各项资金的管理；及时向领导提供财务数据、向上级主管业务部门报送有关财务报表；配合各级审计部门做好年度审计工作；日常开支严格把关，严格执行审批制度；负责扶贫项目的集中支付工作。

4. 监察室职责

监察室对本单位党组及其行政领导班子成员遵守和维护党的政治纪律、贯彻执行民主集中制、贯彻落实党风廉政建设责任制和廉政勤政的情况实施监督；对本单位贯彻执行党的路线、方针、政策和上级党组织决定、决议，遵守国家法律、法规，执行县政府决定、命令的情况实施监督；受理本单位行政监察对象的检举、控告和行政监察对象不服处分的申诉；检查、监督扶贫资金、项目的使用情况和使用效益；完成纪检组交办的其他事项。

5. 信息宣传股职责

信息宣传股要开展中央、省、市、县关于脱贫攻坚宣传工作；负责全县脱贫攻坚信息报道、舆论引导和典型宣传；编发全县脱贫攻坚简报，及时反映动态，交流经验；做好舆情信息收集、研判和引导工作；搜集各类音像资料、文字等材料，摄制活动专题片。

6. 产业项目股职责

产业项目股负责扶贫产业项目有关政策、规章制度的学习贯彻；起草本股室的文件材料，产业项目档案管理；负责上报产业项目所需资料的审核；负责扶贫产业项目的实施、跟踪指导、督查检查；配合审计部门搞好扶贫资金使用情况的检查和审计；负责完成县脱贫攻坚领导组交办的其他工作任务。

7. 项目规划股职责

项目规划股要认真建好财政扶贫资金辅助台账，严格执行集中支付制度；建立项目库，年初负责把各乡镇、各部门所申报项目进行整理并入库，为县脱贫攻坚领导小组确定年度项目提供依据；配合上级各部门扶贫专项资金的检查、审计，提供扶贫资金相关文件、资金运行情况等；向相关部门提供扶贫资金报账数据；及时向领导提供项目资金的运行情况；参与完成其他日常工作及突击性任务。

8. 扶贫移民股职责

扶贫移民股要贯彻落实中央、省、市易地扶贫搬迁各项政策方针,做好易地扶贫搬迁政策宣传;负责对各乡镇易地扶贫搬迁工作的督导与成效考核工作;负责对全县易地扶贫搬迁户档案资料的整理与核查;做好易地扶贫搬迁日常工作及上级交办的其他事项。

9. 督导考核股职责

督导考核股依据考核方案制定相关的考核细则;负责对乡镇、驻村帮扶工作队年度目标任务落实情况进行阶段性督查和年度考核;会同相关职能部门对脱贫攻坚项目按季度进行督查检查,起草督查报告;负责收集、整理国考、省考所需相关材料;承担脱贫攻坚领导小组办公室交办的其他事项。

10. 科教股职责

科教股负责建档立卡贫困户中参加当年普通高考被录取、就读二本B类以上本科院校的大学生资助工作;负责建档立卡贫困户中接受中职中技、高职(专)教育的学生资助工作;负责贫困劳动力转移就业培训对象的精准识别,并搞好协调配合;协助相关部门搞好电商扶贫;承担脱贫攻坚领导小组办公室交办的其他事项。

11. 内审股职责

内审股对本单位贯彻落实国家重大政策措施情况进行审计;对本单位的财务收支进行审计;协助本单位主要负责人督促落实审计发现问题的整改工作和法律、法规规定及本单位主要负责人要求办理的其他审计事项。

(二)横向组织设计:议事协调机构——脱贫攻坚领导小组

横向组织间协调机制:扶贫“领导小组”机制。从中央到地方各级政府都成立由主要领导牵头的跨部门脱贫攻坚领导小组。脱贫攻坚领导小组一般由一级行政组织的党委一把手任组长,分管领导任副组长,通过党组织领导权威的嵌入,依托各级领导小组及其办公室、领导小组成员单位的管理运行实现脱贫攻坚战略实施中全方位的资源动员和整合能力,为脱贫攻坚战略的实施提供稳定的组织支撑。通过脱贫攻坚领导小组的设立和运行,可以充分体现出到脱贫攻坚战略实施中的组织动员机制特色。以下是调研中某县脱贫攻坚领导小组及其成员单位的职责设计。

1. 县委办

县委办负责统筹抓好脱贫攻坚综合协调工作。协助县委落实脱贫攻坚有关事项。抓好脱贫攻坚督查督办工作。

2. 县人大办

县人大办负责配合县委做好脱贫攻坚综合协调工作,履行好脱贫攻坚领导小组副组长职责。

3. 县政府办

县政府办负责统筹抓好脱贫攻坚综合协调工作。协助县政府落实脱贫攻坚有关事项。抓好脱贫攻坚督查督办工作。

4. 政协办

政协办负责配合县委、县政府做好脱贫攻坚综合协调工作。履行好脱贫攻坚领导小组副组长的职责。

5. 县纪委监委

县纪委监委负责扶贫领域腐败和作风问题专项治理。

6. 县委组织部

县委组织部负责抓党建促脱贫工作，集中整顿软弱涣散基层党组织；负责脱贫攻坚干部教育培训工作。做好贫困村“四支队伍”管理工作；负责脱贫攻坚组织保障和督查、考核工作。在扶贫领域落实“三项机制”，提拔重用优秀扶贫干部。

7. 县委宣传部

县委宣传部负责脱贫攻坚宣传引导工作。协调推进乡风文明行动，推动扶贫与扶志相结合，营造合力攻坚的良好氛围。协调各网络媒体开展脱贫攻坚宣传。抓好扶贫领域负面舆情监测和管控工作。

8. 县委统战部

县委统战部负责组织引导各民主党派参与脱贫攻坚。

9. 县公安局

县公安局负责配合做好脱贫攻坚相关保障工作。

10. 县总工会、团县委、县妇联

县总工会、团县委、县妇联负责组织动员社会团体、爱心人士开展扶贫工作。

11. 县工商联

县工商联负责抓好“万企帮万村”“百企帮百村”工作。

12. 县残联

县残联负责落实残疾人扶贫政策。

13. 县信访局

县信访局负责做好脱贫攻坚信访接待等相关方面的工作。

14. 县发展改革和科技局

县发展改革和科技局负责扶贫项目立项、招投标工作。牵头做好搬迁贫困群众后续扶持工作。牵头做好光伏扶贫项目立项、建设、并网等工作；负责抓好电信普遍服务试点项目，鼓励基础通信企业推出资费优惠举措，做好贫困村宽带网络建设；负责实施科技扶贫精准脱贫行动。选派科技特派员到贫困村开展指导服务，引进推广新品种、新技术。建设科技示范基地，帮助发展村集体经济。

15. 县财政局

县财政局负责筹措、预算、下达、拨付县级财政专项扶贫资金。负责做好扶贫领域资金监管工作；负责做好扶贫项目资金预算绩效管理工作。做好财政专项扶贫资金绩效评价工作。配合扶贫部门做好项目库建设及管理工作。

16. 县审计局

县审计局负责审计监督脱贫攻坚政策落实、重点项目、资金使用管理工作。

17. 县自然资源和规划局

县自然资源和规划局负责易地搬迁扶贫项目的组织、实施、协调指导、督查、验收及宅基地腾退复垦工作。保障脱贫攻坚项目建设用地，落实用地指标倾斜政策和城乡建设用地节余指标增减挂钩政策。配合发改部门搞好易地扶贫搬迁后续扶持工作。

18. 县人社局

县人社局负责就地就近就业、创业带动就业、开展有组织劳务输出、开发公益性岗位就业工作。抓好社区工厂、扶贫车间、就业基地认定和贫困劳动力技能培训工作,抓好就业服务,落实就业创业补助政策,落实贫困人口养老保险政策。

19. 县统计局

县统计局负责抓好扶贫统计监测工作。

20. 县扶贫办

县扶贫办负责承担县脱贫攻坚领导小组日常工作,做好脱贫攻坚业务指导、统筹协调、参谋建议、督促落实等工作。负责拟订全县脱贫攻坚任务计划,开展贫困统计监测。拟定县级扶贫专项资金分配方案计划。抓好专项扶贫工作,协调落实行业扶贫政策和脱贫攻坚项目。牵头做好社会扶贫工作。牵头做好贫困退出有关工作。抓好光伏扶贫项目收益分配工作。

21. 县农业农村局

县农业农村局负责抓好产业扶贫,指导发展村集体经济,支持农村新型经营主体带贫益贫。向贫困户提供农业社会化服务。抓好资产收益扶贫,建立贫困户产业发展指导员制度。组织实施农村人居环境整治。协助人社部门搞好贫困劳动力技能培训。

22. 县住建局

县住建局负责安全住房保障工作。负责实施农村危房改造工作。

23. 县水利局

县水利局负责农村饮水安全工作,督促落实农村饮水安全工程管护责任。改善农业生产灌溉条件,强化水利基础设施建设。

24. 县交通局

县交通局负责全县交通脱贫攻坚工作,研究审议交通脱贫攻坚的重大政策措施,制定交通脱贫规划和年度计划。检查推动交通脱贫攻坚项目的完成。

25. 县民政局

县民政局负责建档立卡贫困人口低保、特困供养、临时救助等政策落实。加强村委会班子建设,促进规范运行。动员社会组织助力脱贫攻坚。

26. 县教体局

县教体局负责抓好贫困家庭义务教育阶段学生控辍保学工作。改善基层办学条件,落实建档立卡家庭贫困学生资助政策。对接搞好高校校地帮扶工作。负责抓好贫困村体育设施建设,配合抓好健康扶贫工作。

27. 县卫健局

县卫健局负责组织实施镇村医疗卫生机构建设和医疗卫生人才队伍建设。落实贫困人口大病专项救治和慢病家庭医生签约服务工作,抓好重点传染病专病专防、地方病患者专项救治。做好饮水安全水质化验工作。开展医疗卫生帮扶工作。负责落实贫困县妇女“两癌”检查和儿童营养改善、新生儿疾病筛查项目。

28. 县医保局

县医保局负责实施医疗保障扶贫工作,将建档立卡贫困人口全部纳入基本医疗保险、大病保险和医疗救助等制度保障范围。推进即时结算服务和信息共享共用。

29. 县融媒体中心

县融媒体中心充分发挥县级融媒体“全媒调度、全网传输、全域覆盖”的优势，聚焦聚力脱贫攻坚，讲好脱贫好故事，发出致富好声音，不断提升主流媒体的传播力、引导力、影响力和公信力。

30. 县税务局

县税务局负责落实脱贫攻坚有关税收优惠政策。

31. 县人民银行

县人民银行负责小额信贷等金融扶贫的指导和监督以及脱贫攻坚方面的相关工作。

32. 联通公司、移动公司、电信公司

联通公司、移动公司、电信公司负责贫困村通信信号升级服务。负责实施网络扶贫，2020 年实现建档立卡贫困村通信网络全覆盖。

总之，作为一个超大规模、层级众多的现代化国家，从上到下迅速推进一项国家统筹的战略，必须要有能够迅速动员和整合各种社会资源的贯穿性、高效性组织体系。我们取得了脱贫攻坚战略的伟大胜利，这一胜利的取得得益于脱贫攻坚领导小组议事协调机制的高效运行。

二、贫困治理中组织动员的机制设计

在脱贫攻坚战略实施中，党中央领导下各级政府及其工作人员贯彻以人民为中心的执政理念，以科学组织为基础，以统筹调配为抓手，以协同耦合为关键①，全面调动各方面力量积极参与扶贫，走出了一条中国特色减贫之路。脱贫攻坚战略的成功体现了中国特色社会主义制度集中力量办大事的优势，这种优势的内在机制就是压力传导下的组织动员机制。在脱贫攻坚战略实施过程中，从党中央到基层村庄全国一盘棋，制定统一规划，各地区各部门围绕脱贫攻坚步调一致，深度协同。“五级书记”抓扶贫，保证中央的规划和命令一竿子插到底。

（一）基于岗位职责的压力规范机制

组织动员是中国特色脱贫攻坚战略取得胜利的关键，在脱贫攻坚战略中体现出中国特色治理体系的优势和效能。当然，组织动员的优势和效能不是自主自发的，责任机制是组织动员制度优势转化为治理效能的枢纽。以组织动员推进脱贫攻坚战略实施进程中，地市级和县级政府因地制宜地创新出各类责任机制，具体表现如下。

1. 市委常委包联乡镇脱贫责任制

市委办公室、市人民政府办公室印发《关于实行市委常委包联乡镇责任制确保 HS 县如期脱贫摘帽工作方案》，决定从 2019 年至 2020 年，由市委常委、市人大、政协主要领导牵头分别包联 HS 县 9 个乡镇，全面指导推动包联乡镇脱贫攻坚工作，确保 HS 县如期脱贫摘帽。首先，市委领导一是全面指导把方向。指导包联乡镇坚决贯彻中央、省、市脱贫攻坚重大决策部署，不折不扣落实市委脱贫攻坚工作思路和举措，科学制定脱贫规划，筹措协调资金项目，动员全社会力量合力攻坚。市级领导挂帅、县级领导包保和市级牵头责任部门“一把

① 张金荣，彭萧．集中力量办大事何以可能：一个组织社会学的解释框架 [J]. 学术研究，2020(12):1-5.

手”协调、指导、监督、服务、保障责任制，在政策、资金、技术等各个方面大力支持脱贫攻坚工作。其次，对标对表抓落实。按照贫困退出标准，督促乡村两级主体责任和帮扶单位帮扶责任落地落细，抓实抓好脱贫攻坚各项重点工作，协调解决好脱贫攻坚过程中的困难和问题，确保各项任务全面完成。再次，问题导向促整改。坚持一线工作法，切实加强调查研究，切实通过调研指导、现场办公，解决制约脱贫摘帽的各项问题和瓶颈，以点上问题的解决推动面上工作的开展。最后，示范引领创特色。坚持全面攻坚与重点推进相结合，在确保脱贫攻坚任务全面完成的基础上，在每个包联乡镇中选树 1~3 个“样板村”，切实发挥示范引领作用。

2. 完善激励考核机制

省市县各级政府每年年初确定脱贫目标任务，结合脱贫攻坚领导小组每半个月会商会议部署，对各市、县、乡镇街道、各专项扶贫指挥部的任务进行分解细化，建立工作推进台账，市扶贫办配合市委、市政府督查局就工作推进情况进行督查，对工作推进快、成效明显的单位进行通报表彰；同时，对工作推进不力、工程建设进展缓慢的单位进行通报批评并扣除工作经费，年终考核单位主要负责人不得评先树优。对脱贫攻坚中积极作为、敢于担当的一线人员优先提拔重用，提高政治待遇；对工作推进不力，甚至触碰“底线”“红线”的相关单位一把手给予处分，在全市上下树立起脱贫攻坚“干得好受表彰奖励、干不好受警示惩戒”的鲜明导向。如调研中发现，JZ 市实行脱贫攻坚激励容错“四个区别对待”。市纪委监委出台了《关于在脱贫攻坚主战场、城乡人居环境整治和扫黑除恶专项斗争等工作中实行“四个区别对待”的指导意见》，明确提出对在扶贫领域“伸黑手、动奶酪”的，一律快查严处；对在脱贫攻坚中“庸懒散、拖躲假”的，坚决追责问责；对在脱贫攻坚主战场中因担当作为、敢于碰硬，受到恶意中伤、诬告陷害的，及时予以澄清；对在脱贫攻坚主战场中“作出贡献、有立功表现”的，坚决体现政策①。

HS 县红黑榜通报制度树牢激励问责导向。HS 县为进一步压实各级各部门主体责任，制定了“红黑榜”通报制度，明确了 5 条“红榜”通报表扬情形、5 条“黑榜”通报批评情形。在政府广场醒目位置设立固定版面进行公示，优秀的上“红榜”，不合格的上“黑榜”，营造表扬先进、鞭策后进的浓厚氛围。对落实“两个包保”责任的县级领导、10 个乡镇脱贫攻坚情况和市县两级帮扶单位、驻村工作队工作情况进行排队，优秀的上“红榜”，差的上“黑榜”，并张榜公示，有力地激励干部担当作为。2019 年全年共通报公示 12 次，“红榜”通报表扬了 30 个市直驻村工队、9 个县直驻村工作队、9 个乡镇、9 名县领导，“黑榜”通报批评了 6 个市直驻村工作队、6 个乡镇和 8 个县直单位、9 个县直驻村工作队，并约谈了 6 个市直单位主要负责人，对 6 名履责不到位、成效不明显的乡镇党政正职予以免职处理②。

---

① 参见 JZ 市委《关于在脱贫攻坚主战场、城乡人居环境整治、扫黑除恶专项斗争等工作中实行“四个区别对待”的指导意见》文件材料。调研材料编码：20190127HS09。

② 参见《HS 县驻村帮扶工作开展情况报告》。调研资料编码：20191226HS01

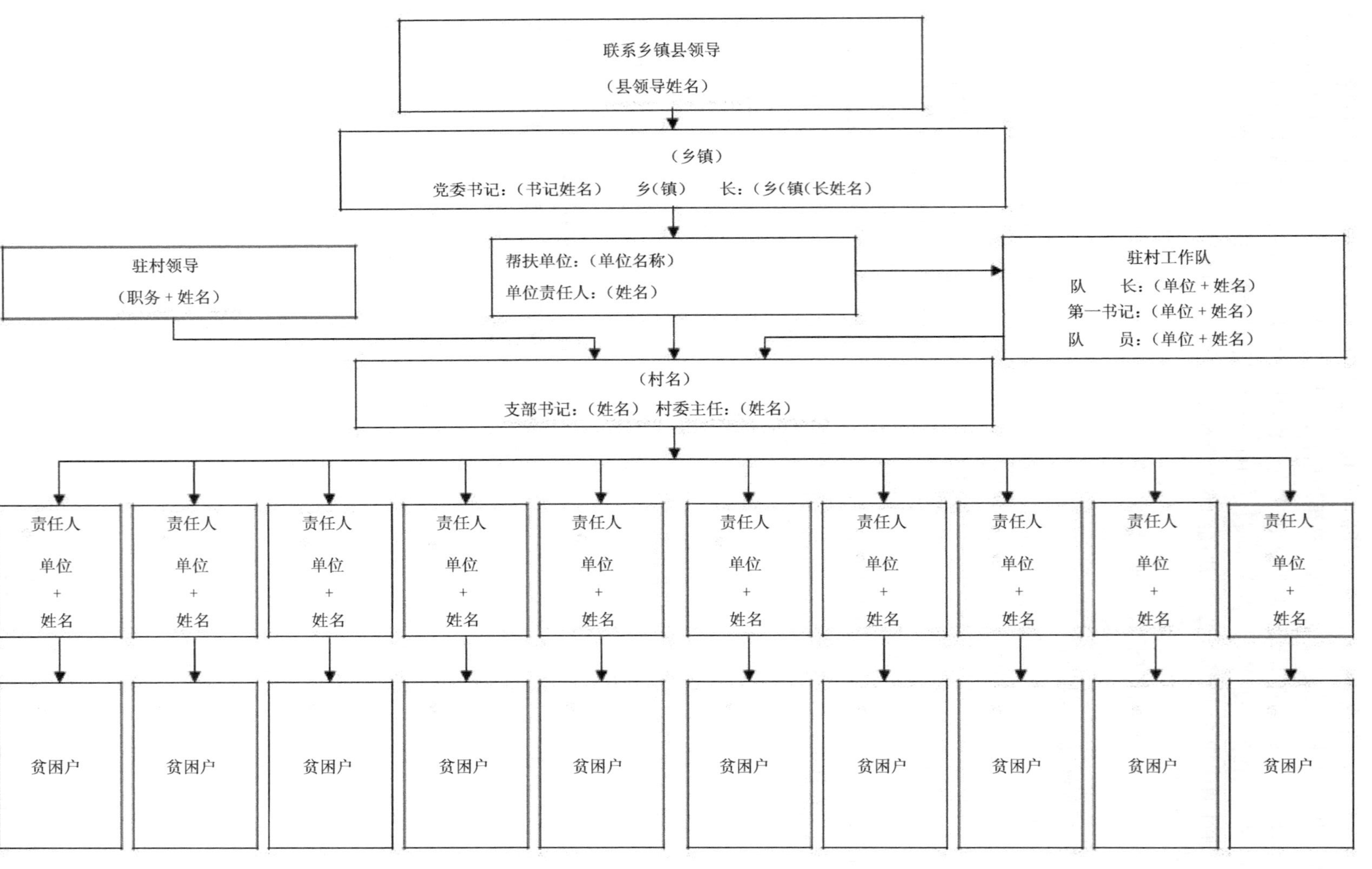

图 2-1　HS 县脱贫攻坚帮扶责任网格图

3. 充分发挥基层党组织的动员作用,在攻坚主战场体现出党建引领的先进性

例如,HS 县 LY 镇 XSL 村做好"党建 +"文章,把党组织建立在产业和项目上,7 个村组建联合党总支,组建 12 个专业合作社,引进万寿菊加工企业,带动 7 个村 324 个贫困户,人均增收 1 800 元以上。《人民日报》头版头条对此作了相应报道①。XY 县坚持以党建促脱贫,蹚出了壮大集体经济的"六条路径",在全省"践行习近平总书记视察山西重要讲话精神抓党建促脱贫攻坚暨深度贫困村整体搬迁"现场推进会上进行了大会交流。全国"推进'两学一做'、服务脱贫攻坚"专题研讨会 150 名与会人员赴 XY 县现场观摩,原中央国家机关工委副书记陈存根对 XY 县的党建促脱贫工作给予高度评价。

4. 积极进行横向组织协同机制创新,探索脱贫攻坚中的组织协同新模式

组织间合作模式和机制的创新极大地提升了组织动员过程中的效率和效能。脱贫攻坚战略是全国一盘棋的大战略,从中央到地方各级政府都非常重视。各级地方政府为创造性地完成上级交给的脱贫任务,以求在年度考评中获得较好的成绩,积极主动地进行了组织机制创新。

山西省 JZ 市探索出了"党建带工建、同心促脱贫""1+4"精准帮扶模式。为有效解决外出务工贫困人员帮扶工作弱、党员管理难、群众满意度低等问题,JZ 市委以 HS 县为试点,按照"党建带工建、同心促脱贫"思路,创造性推行"1+4"精准帮扶模式("1+4"指"一平台、四台账":依托乡镇工会联合会村级工作组微信群服务平台,建立外出务工农民党建台账、信息登记台账、帮扶服务台账、工资收入台账),促进了农村流动党员管理,推动了劳务经济发展,增加了贫困户收入,增强了党组织的凝聚力和战斗力。

HS 县全县组建"乡镇工会联合会村级工作组"和"党小组"两个"机构",出台了《关于进一步加强村级基层工会组织建设实施方案》,在全县各行政村成立了乡镇工会联合会村级工作组,将全部外出务工农民纳入管理范围。这一组织模式的创新主要体现为以下三点:首先,明确服务内容。明确乡镇工会联合会村级工作组为外出务工农民提供创业就业培训服务、信息咨询服务、权益维护服务、困难帮扶服务、资金奖补服务"五项服务";其次,确定活动形式。集中开展好"六个一"活动,即向每位外出务工农民发出一份慰问信,向县内企业和务工单位发出一份告知函,召开一次农民工会员座谈会,组织一次外出务工农民就业创业技能培训,开展一次农民工会员走访慰问,选树一批外出务工农民特别是贫困农民创业就业的先进典型;最后,实行示范引领。在加强对乡镇工会联合会、村级工作组业务指导的同时,HS 县总工会选择外出务工贫困农民较多的几个村作为试点,着力打造有组织、有阵地、有制度、有平台、有服务、有台账、有成效的"七有"样板②。

脱贫攻坚战略实施过程中,横向组织间的协同不仅包括政府组织内部,而且还包括政府与社会组织、政府与高校等组织的合作与协同。比如西北农林科技大学响应党中央、教育部扶贫号召,与合阳县共同组建实施的扶贫新模式。西北农林科技大学充分发挥高校科技、人才和智力优势,组建"书记帮镇助力团"发挥基层党委的组织带动作用。组建"专家教授助力团",积极推进与贫困村和贫困户的精准对接。组建"研究生助力团",有效连接学校与县级政府,陕西省合阳县委组织部每年选拔一百余名政治素质高、业务能力强、热心服务农村

---

① 参见 HS 县 LY 镇 XSL 村扶贫资料。调研资料编码:20190120HSLY01。

② 孙永胜 . 党建带工建同心促脱贫——HS 县实现建档立卡贫困户外出务工精准帮扶全覆盖工作探索[N]JZ 日报,2020-6-12.

基层的相关精英组成“优秀人才先锋服务队”。先锋服务队与西北农林科技大学选派的“三团”队伍实现科技资源共享、项目任务协同、校地精英携手组成“三团一队”这一校地协同的动员平台。校地组织协同模式在扶贫产业培育、三农人才培养、乡村治理资源整合等方面展开深度合作，助力脱贫攻坚战略的顺利实施。

（二）基于价值引领的组织宣传动员机制

宣传动员是基层政府发动和组织“攻坚战”的重要手段。在脱贫攻坚战略实施过程中，各级党委和政府通过在基层社区、党组织、融媒体平台等区域广泛地进行舆论引导，传播脱贫攻坚战略的重要意义和政策方针、主要任务，宣传脱贫攻坚中的典型事迹，为脱贫攻坚战略的顺利推进构建良好的舆论环境。

1. 强化宣传引导

充分利用报刊、广播、电视、网络等媒介，大力宣传精准扶贫的重大意义、政策方针、主要任务等，帮助贫困群众进一步解放思想，增强发展意识、自我脱贫意识，充分调动贫困群众脱贫致富的积极性。

2. 做好专题专栏宣传

组织广播电视台、地方日报等传统媒体及政府网站、广播电视台微信公众号等新兴媒体在重要版面、时段持续开设《脱贫攻坚冲锋号》《脱贫攻坚一问一答》《脱贫攻坚进行时》等专栏，依托已完工的农村广播“村村响”工程，全方位、多角度、立体式宣传报道地方脱贫攻坚做法，讲好扶贫故事，推出一大批有温度、有深度的典型报道。

3. 做好典型宣传

在中央、省、市以及县级等媒体积极宣传脱贫先进典型、帮扶先进典型、扶贫系统先进典型、精准扶贫精准脱贫成功案例。积极宣传国家、省级和市级脱贫攻坚奖先进典型。深度报道精准扶贫过程中的先进事迹和先进个人，深刻阐述精准扶贫的实践经验和启发启示，进一步动员各级干部积极投身到脱贫攻坚战之中。为全面实现脱贫摘帽总体目标，HS 县在全县范围营造浓厚的脱贫攻坚舆论氛围，总结推广宣传 HS 县在脱贫攻坚中形成的典型经验和好人好事，根据《HS 县 2018 年脱贫攻坚行动计划》（H 政办发〔2018〕2 号）文件精神，经 HS 县脱贫攻坚领导小组研究，决定在全县开展“宣传造势助脱贫，典型引路共筑梦”专项行动。具体包括以下八项行动：收集整理各类媒体报道，筹备举办脱贫攻坚文艺晚会，刻录制作脱贫攻坚专题片，整理印制脱贫攻坚宣传画册，建设布置脱贫攻坚展览馆，整理印制脱贫攻坚信息简报，建立建设脱贫攻坚档案室，收集编制脱贫攻坚典型材料。

4. 开展“精准脱贫驻村调研”采访报道活动

地方融媒体中心组织编辑记者赴贫困地区进行蹲点调研，采写一系列反映脱贫攻坚的好新闻，比如：《扶贫路上竞风流——记驻 LW 村帮扶队带领群众脱贫致富的事》《HL 镇仪城村建设养驴园区带领村民致富》《SY 镇灰调曲村引进旱鸭新产业 助推脱贫保增收》等；同时，编辑记者深入群众生产生活一线，挖掘鲜活素材，采写现场报道，把笔触和镜头对准普通群众，聚焦一线劳动者，写出一系列群众喜闻乐见的新闻，如：《QS 镇 SZG 村李建国：用好资源政策 发展养牛产业》《QHY 村刘占福：最喜是丰收 累点不算啥》等。

5. 开展舆论监督

在做好正面宣传引导的同时，在地方电视台、地方报、“一网两台五微一报”宣传平台及

"村村响"工程等媒体,充分发挥媒体的舆论监督功能,曝光批评不作为、慢作为、懒作为、假作为现象,通过正反两方面的典型宣传对比,引导激励全市广大干部群众投身脱贫攻坚,营造积极作为、比学赶超的浓厚氛围。

三、组织动员机制的运行难题

基于工具理性的科层组织体系是现代国家基础型权力运行的最基本要件之一。只有建立起遍布全国各个地区的完备行政组织体系,国家的政策才有可能自上而下得到有效执行。党的十九大报告提出把精准脱贫作为当下中国政府施政的三大攻坚战之一。各级党委和政府都高度重视,建立了横纵结合、职责分明的组织体系,保障精准扶贫政策落实到位。具体包含以下三个相互嵌套、协同运作的机制。其一,纵向"一竿子插到底"的扶贫办。从中央到地方各级政府,建立了一个上下对口、整体联动、人员稳定、职责专属的扶贫组织机构和职责体系,从国务院到省、市、县设扶贫办,乡镇设扶贫专干。其二,横向组织间协调机制:扶贫"领导小组"机制。从中央到地方各级政府都成立由主要领导牵头的跨部门扶贫开发领导小组。基于科层组织动员的扶贫机制建设对于推动精准扶贫政策从中央到地方不折不扣地落实,避免扶贫政策执行变异以及由此带来的国家自主性缺失起着决定性的作用。但精准扶贫的组织动员机制在具体执行过程中也存在一些运行难题。

从一般意义来说,任何技术都是人类在特定活动领域中通过理性得到的、帮助人类有效达到预定目标的各种方法和手段的总和。政府治理技术也遵循同样的逻辑,即是指政府在治理实践过程中,为了实现既定的政策目标而对政策客体所采取的策略、方式、方法、工具和手段的统称①。精准扶贫过程中的治理技术应用主要表现为以下两个层面。其一,利用现代统计方法把复杂的贫困情况化简为清晰的、可操作的政策问题、政策对象和政策工具。比如利用科学的家户收入情况测算确定谁是贫困户,在具体的扶贫实践中包括一系列的表格填报和审计,如扶贫对象申请表、贫困户入户调查表、贫困户入户信息采集表、贫困户家庭收入加脱贫情况核定表。其二,运用标准化、可通约性的统计工具管理、考核贫困户及参与扶贫的工作人员、扶贫项目。具体在扶贫政策实践中同样体现为一系列的表格填报:贫困户脱贫计划表、精准帮扶项目申请表、精准帮扶项目预算表、扶贫项目调查表、扶贫资金项目收益分配率登记表、扶贫工作群众满意度统计表、帮扶责任人到位率走访贫困户统计表等②。从中央到地方的各级政府和扶贫办等相关职能部门运用智能化、信息化的治理技术手段,打造扶贫信息共享平台,建立并维护扶贫动态数据库,构建客观公正的扶贫项目评估考核系统,极大地提升了精准扶贫政策执行的有效性。然而,治理技术具有鲜明的工具理性特征,是人类运用规范性、程序性、制度性、可操作性、实效性的规则体系、技术手段、途径方法来框定政治生活、实现政治目的的能力和活动③。治理技术的工具理性属性决定了其具有异化为"技术治理"的可能性,即在精准扶贫政策运行过程中,"技术"成为治理的中心和主体,而治理的应然主体"人"则被抛之脑后。对于普通民众来说扶贫成效是充满了数字、目标和百分比的各类表格。在精准扶贫过程中"指标监管和考核结构的设计,只迷信量化的数字管理,却往

① 黄其松,许强.论政府治理技术[J].江汉论坛,2018(12):53-59.

② 孙宗锋,孙悦.组织分析视角下基层政策执行多重逻辑探析:以精准扶贫中的"表海"现象为例[J].公共管理学报,2019 (3):16-26.

③ 何颖.政治学视域下工具理性的功能[J].政治学研究,2010 (4):91-101.

往忽视了地方政府实际权力操作中的具体机制和隐性规则”①。这就有可能导致政策过程中出现数据俘获治理的现象，即管理人员只对面上的数据负责，而对具体的治理问题大而化之。

四、互赖而协同：组织动员机制调适措施

嵌入式国家自主性理论的核心要义是国家与社会关系的认识和处理应该从强调“对立而制衡”，走向“互赖而协同”。“国家要对社会经济发展进行有效的引导，必须深深‘嵌入’社会中，构建起国家政权与企业、社会组织之间的沟通机制，依凭它们保证政府的政策目标得到社会精英和大众的认同，进而高质量地执行。”② 当下中国贫困治理中存在的主要问题是国家科层化组织动员机制的力量过于强大，而其他社会力量较弱。扶贫过程中精细化技术渗透机制和扶贫考核机制作用的发挥要以组织动员为前提和基础，导致贫困治理中机制间关系失调。这种失衡的机制间关系最终导致扶贫政策实施过程中地方政府和基层官员权力资源太少而责任太大，无力完成扶贫政治任务，只能用各种形式主义的方式来应付。因此，理顺关系是解决当下问题的关键。

（一）理顺激励—约束机制间关系，激发基层扶贫干部活力

“一个有效的制度建设过程，必须重新塑造核心参与者的目标、优先顺序和责任感，灌输共享的假设和共同期望，从而在此基础上培育出共同的理性”③。针对从上到下贯彻落实的精准扶贫政策，基层政府官员群体首先达成的是“命令—服从”的工具理性共识，这无可厚非，且对于政策执行具有积极意义。但如果仅仅限于工具理性，则会带来政策执行的异化和基层公务员的“平庸化”、工具化生存状态。为此，基层官员需要超越工具理性，而去追求实现公共利益的政治理性④。政治理性引导基层官员从政治价值、政治理想高度对自身的履职行为进行道德判断，实现“应该如此做”和“愿意如此做”的融合，从而构建起主体内在的“责任政治”观念⑤。精准扶贫政策执行中的“不出事”逻辑和文牍主义现象最终可归结为一种因责任政治观念缺失而带来的任性避责逻辑。精准扶贫过程中干部任性避责逻辑形成的主要原因在于现有的干部激励—约束机制的失衡。因此，让干部主动“找回责任”、承担责任除了需要对基层官员进行理想信念教育外，最关键的还在于“激励相容”的机制建设⑥。也即在信息不对称条件下，通过可操作性的“激励—约束”机制创新实现基层官员的个体晋升目标与精准扶贫的公共目标协同一致。具体要做到以下两个层面。

一是问责与容错机制相平衡，给基层扶贫干部松绑。精准扶贫政策的因地制宜落实需要基层扶贫干部勇于探索，勇于试错，勇于担当。因此要将扶贫过程中实干者的创造性破

① 渠敬东，周飞舟，应星．从总体支配到技术治理基于中国 30 年改革经验的社会学分析 [J]. 中国社会科学，2009(6)：104-127.

② 曹胜．国家自主性：从“分殊制衡”到“嵌入协同”：理论变革与实践意义 [J]. 比较政治学研究，2018(1)：80-97.

③ 埃文斯，鲁施迈耶，斯考克波．找回国家 [M]. 方力维，等，译．北京：生活·读书·新知三联书店，2009：69.

④ 何颖．论政治理性的特征及其功能 [J]. 政治学研究，2006(4)：107-113.

⑤ 张贤明，张力伟．论责任政治 [J]. 政治学研究，2018(2)：89-97.

⑥ 穆军全．政策试验的机制障碍及对策 [J]. 中国特色社会主义研究，2015(3)：57-62.

坏、无意过失等探索性工作予以容错免责①。对于实干者在扶贫政策落实中偶尔出现的“打政策擦边球”行为不作负面性评价,同时予以正确引导和纠错,尽最大可能给政策创新性行为提供平台和空间,降低扶贫干部的工具主义避责冲动。二是显性激励与潜在激励协同,给基层扶贫干部实实在在的激励。当前针对基层官员扶贫效果考核的指标体系中过多注重显性的脱贫人数和短期的脱贫成果,这是扶贫过程中工具主义行为盛行的主要原因。因此,要构建多元化的基层干部扶贫绩效考核评估机制,把贫困户满意度、扶贫成效的可持续性、扶贫项目的长远意义等指标加入扶贫绩效考核体系,要把精准扶贫与落后村落整体公共服务水平、经济发展潜力联系起来,把贫困户本身的长远发展的潜力作为扶贫绩效的核心指标。而且最重要的是要把这些柔性的公共服务指标变成基层政府官员刚性的晋升指标。

(二)理顺政府内部部门间关系,构建组织内部跨部门协同机制

精准扶贫政策基层执行的异化最主要原因之一在于压力型体制下的科层式治理的权责失衡和层层加码。由于受到等级权威“官本位”和部门本位主义的影响,基于平等协商的跨层级、跨部门协同异常艰难。为此,在精准扶贫过程中要尽快建立由国务院牵头,各省级政府积极配合的跨层级、跨部门协同机制。首先,要搭建扶贫信息沟通交流机制。主要包括扶贫政策实施过程中的风险预判、利益分配、法律保障、监督约束等方面的信息交流。国务院和各省级扶贫办要构建统一共享的信息服务平台,在平台上实现信息共享、流程监督、责任目标考核等环节的开放化和透明化。国务院和各省级扶贫办要定期编辑扶贫项目工作简报和专报,及时反映扶贫项目进展情况。其次,基于目标管理和共同价值愿景的平等谈判机制。在精准扶贫过程中,一旦有关扶贫目标任务的部门之间、层级之间权责关系发生变化,中央层面的部级联席会议制度、各级扶贫办、扶贫领导小组、相关专家要及时启动协商机制。要摒弃以往跨部门争议依赖上级权威协调裁定的科层制模式,以平等协商和对话解决争议。协商过程中,各个扶贫参与部门要按照既定规则充分表达不同意见,在尽最大可能实现扶贫政策目标的前提下,商讨解决方案。

第三节　贫困治理中组织动员的典型案例

脱贫攻坚的伟大胜利源于在党中央集中统一领导下,各级各类组织广泛协同,冲破“本位主义”的藩篱,实现参与主体的集聚、组织资源的整合和行动网络的协同。西北农林科技大学作为部属高校积极参与国家战略并在此过程中形成了“三团一队”校地合作模式。该模式在创新中形成的高校与地方政府协同动员的组织权责配置、跨界资源整合路径对于乡村振兴战略实施中调和多元行动主体的利益分歧,增进组织化行动具有重要的启示意义。

如何对日益多元、离散和异质的社会实施组织化动员,引导并激励社会力量参与国家重大战略并在此过程中提升国家能力是国家治理领域的重要研究议题。党十八大以后,党中央动员大量社会力量参与精准扶贫战略。国家通过自上而下、由内而外的科层组织动员体系,利用现代化的先进技术渗透机制,通过主导公共资源的流向与配置,实现对社会主体的广泛动员,体现国家自主性。中国的贫困治理取得举世瞩目的成就,离不开组织动员机制的

① 谷志军,陈科霖.责任政治中的问责与避责互动逻辑研究[J].中国行政管理,2019(6):82-86.

极大发力。中国贫困治理模式的最大创新在于通过组织动员把扶贫变成一个全社会广泛参与、共同努力和相互竞争的政府与市场、政府与社会、上级与下级、不相隶属的组织机关单位之间的合作行为。当下学界对于扶贫中的组织动员更多的基于从上到下的纵向组织动员的研究,而对于横向的组织协同动员的研究较少。教育部所属高校发挥自身人才、技术、管理等优势,积极参与地方贫困治理,努力将高校人才技术优势与地方精英治理协同配合,客观上打造了一种可推广、可造血、可持续的协同动员模式,为脱贫到振兴的有效衔接提供了机制保障。本书以西北农林科技大学(以下简称西农)"三团一队"模式创新为案例,尝试从横向组织协同动员的视角,对协同动员在县域贫困治理中的作用机制及其效能展开具体分析,以就教于方家。

一、组织协同动员:理论基础与分析框架

组织协同动员是指国家或者政党围绕现实治理目标,以正式组织的领导权威为基础,对权力、资源和参与治理的多元行动者进行发动和再组织,并构造出一种协同体系的行动①。组织协同动员是党和政府在国家治理过程中逐步形成的达成治理目标的重要手段。组织协同动员彰显了中国特色社会主义制度优越性,有利于全社会达成政治共识,体现出我国各级政府强大的治理能力。

(一)组织协同动员的权力支撑

在精准扶贫战略实施过程中,组织协同动员的良好运行需要国家层面的权力推动。国家借助各种治理手段动员、约束和考核各方力量广泛协同参与扶贫。为推进精准扶贫战略的实施,国家建立了中央统筹、省负总责、市县抓落实的权力责任传导机制。虽然在其他领域和其他公共事务中也应用这种权力责任的传导机制,但精准扶贫战略实施过程通过"责任到人"把这种机制应用到最强。因为对于政策的顶层设计者们来说,可清晰识别的政策实施对象和具体单位是实现政策预期的基础。"责任到人"的组织考核层面规定贫困县不摘帽主要领导不能走人,具体扶贫帮扶不脱贫不脱钩。这就使得扶贫政策的精准扎实落实获得了层层权力的支撑和责任的压力。高校作为人才、科技的高地,应然地成为脱贫攻坚中组织协同动员的主体。自 2001 年起,教育部应中央部署组织了 44 所直属高校承担国家定点扶贫任务。高校在承担教书育人责任的同时,也承担起知识扶贫、知识脱贫的责任。教育部门结合各高校特长优势,下达相应扶贫任务,并牵头开展直属高校定点扶贫年度考核。扶贫各高校依据自身优势,与地方部门协同,从"单点扶贫"到"多点扶贫",从"单一教育扶贫"到涉及"教育、产业、医疗、人才"等多方面扶贫,做到精准扶贫脱贫,做到"精准滴灌"。在组织协同动员机制的推动下高校扶贫取得卓越成就。

(二)组织协同动员的跨界资源整合

国家通过自上而下、由内而外的科层组织协同动员体系,利用现代化的先进技术渗透机制,通过主导公共资源的流向与配置,实现对社会主体的动员,体现国家自主性。中央关于精准扶贫的决策信息可以通过组织网络迅速传达落实到基层,从组织机制层面保证国家自主性的实现。同时,党的各级组织与政府层级系统协调一致,形成促进扶贫政策落实的双重

---

① 符平,卢飞.制度优势与治理效能:脱贫攻坚的组织动员[J].社会学研究,2021,36(3):1-22.

组织体系。在党中央的统一部署下，地方各级政府部门都设有同级党组。地方各级党委一方面接受上级党组织的领导，另一方面对所在的地方政府部门落实党的领导。这种组织体系设置有利于中央调控精准扶贫政策实施的总体方向，使地方政府各部门步调一致、有效协同，确保政策预期目标落实到位，提升精准扶贫政策实施过程中的国家自主性。高校在定点扶贫过程中，与当地政府直接协同合作，将自身优势与当地特色结合，做到精准扶贫。在此过程中，高校无须将脱贫任务上报至教育部，再由教育部通过各级党委将任务传递至地方基层部门，这种跨越科层制的运行模式，提高了工作整合效率，减轻了层级传导压力，运用整体政府跨部门协同治理模式进行组织化动员，整合资源，实现贫困治理的精细化目标，推动了不相隶属部门间协同合作来落实国家战略目标的机制创新。

二、部属高校“三团一队”模式的组织协同动员机制

精准扶贫政策在基层执行过程中，从中央到地方的各层级政府从理顺关系入手，明确精准扶贫政策落实的主管部门，设立扶贫专职人员，建立了一个上下对口、整体协作、职责分明、齐抓共管的精准扶贫政策执行组织协同动员体系①。在组织协同动员机制的内在驱动下，高校和地方政府围绕扶贫目标进行不同程度的互动整合，实现资源的合理优化配置。西农“三团一队”模式成为典型。

（一）高校与地方政府组织协同动员的历史传承

在近十年的时间内，党中央和教育部下发了一系列动员高校参与扶贫的文件，如《关于实施教育扶贫工程的意见》《关于做好新时期直属高校定点扶贫工作的意见》《教育部定点联系滇西边境山区工作方案》等。各高校全力以赴完成党和教育部的任务，发挥自身人才科技资源等优势全力助力脱贫攻坚。为更好落实责任机制，国务院扶贫开发小组定期对各高校进行工作考核，明确任务细节，听取工作汇报，并向各高校下发定点扶贫责任书。这种组织内部压力制度包括通过签订责任书对各高校施加压力，完善考核机制，建立奖惩制度等，能够更好地推进脱贫任务。教育部直属高校还会向定点扶贫县选派干部挂职扶贫。挂职扶贫干部分管或协助分管扶贫工作。通过扶贫干部，高校和地方政府协同合作，因地制宜地开展扶贫工作。

为应对国家高校扶贫新形势新任务新要求，西北农林科技大学以自身人力知识和科技优势，大力开展与地方政府的组织协同合作。在知识和科技资源调配中，西北农林科技大学以服务国家和地方企业供给侧结构性改革为导向，致力于构建农业科技服务网络体系，开展与企业和政府多方协作共同助力农业科技推广。学校先后与多家企业举办小麦新品种推广，与地方政府共建红枣、核桃、板栗等 8 个试验示范站和一批示范基地，对农村基层干部、技术人员和农民进行技能培训以建立多层次科技培训体系。

“三团一队”扶贫帮扶是西北农林科技大学应党中央、教育部扶贫号召，与合阳县共同组建实施的扶贫新模式。学校充分发挥高校科技、人才和智力优势，组建“书记帮镇助力团”，发挥基层党委的组织带动作用；组建“专家教授助力团”，积极推进与贫困村和贫困户的精准对接；组建“研究生助力团”，有效连接学校与县级政府，发挥“三团一队”的枢纽

① 穆军全．工具主义贫困治理的内在张力与反思：国家自主性的视角 [J]. 天津行政学院学报，2020(4)：12-20.

作用。

（二）高校与地方政府组织协同动员的权责配置

为完成教育部分配的精准扶贫任务，西北农林科技大学建立了精密细致的权责分配机制。首先，西北农林科技大学校党委与当地县政府携手进行总体统筹，由校党委下发任务，院党委落实任务，形成校院两级党委齐抓共管、院党委与定点乡镇相对接的组织协同框架体系。“书记帮扶镇助力团”由学校19个学院共同遴选出的党委书记组成。西北农林科技大学校党委组织部为团长单位，监督扶贫工作开展落实情况，实施“五个一工程”（落实一个学院、组建一支专家团队、对接一个乡镇、帮扶一个产业、带动一批贫困户）。西北农林科技大学和陕西省合阳县委组织部共同管理考核，为落实脱贫扶贫任务、整县域精准扶贫和全员参与定点扶贫工作提供坚强的组织保障。在工作由上级下达时，责任由体制系统层层传导，全面压实党政一把手责任制。不仅确定目标标准，而且对目标进行细化，因地制宜、精准施策。其次，加大精准扶贫的过程监督，在扶贫工作推进的过程中，各级党组织、政府部门包括学校的各院系都要注重组织监督，强化组织督查能力，确保每一级每一部门工作透明化、公开化，工作有迹可循、有证可查。在督查过程中，负责人和基层干部要了解真实情况，做到脱贫过程扎实、脱贫结果真实。在督查每一级工作状况时，注重深化专项治理，对于虚假脱贫、数字脱贫的极个别责任人严肃问责。“三团一队”的组建实施，开创了整县域推进定点扶贫工作的新局面，在助力合阳县脱贫攻坚工作中作出了重要贡献，2019年5月合阳县顺利实现脱贫摘帽。

（三）高校与地方政府组织协同动员的跨界资源整合

在组织协同动员理论指引下，按照组织化权责体系把横向职能分工和纵向资源下沉结合起来，实现资源的有效配置是西农“三团一队”模式的特色所在，优势所在。西北农林科技大学校党委在组织协同动员中发挥了主导作用。

1. 以人才资源整合为中心，通过组织动员“调动人”来“推动事”

在定点扶贫阶段，先通过学校和当地政府的有效沟通协作，确定扶贫项目、扶贫政策和扶贫力度；再由双方各自动员人力、物力，动员相关企业加入校企合作以拉动当地经济增长。高校发挥人才智力优势，通过组织协同动员师生，调动师生深入基层扶贫的积极性。当师生深入基层后，通过知识和智力帮扶，指导当地农产品科技发展，同时也提高了在当地投资企业的资金收益。西北农林科技大学校党委按照“党建＋扶贫”的政策思路，充分调动师生党员参与扶贫工作的积极性，通过前期投入资金和动员师生，为扶贫工作的开展带来资金和人力支撑。由各个二级学院动员专家教授组成的助力团，围绕县域特色产业，探索并采取“1+14+14+*N*”科技帮扶模式，即：建立1个产业扶贫示范基地（依托学校合阳葡萄试验示范站，在乾落村建立葡萄扶贫示范基地），组建14支科技帮扶团队，实施14个现代农业园区提升工程，开展*N*项具体帮扶措施，构建“政府＋大学＋产业园（合作社）＋贫困户”。“研究生支教团”用输送知识全面扶贫。西北农林科技大学选派三批支教团和多支支教服务队开展工作。

“研究生支教团”完成每人每年800课时以上的教学任务并组织开展知识科普活动；留学研究生举办多次“远程英语”“口语网络授课”等拓展中小学生国际视野，帮助农民解决产业技术问题。在输送人才的同时，努力提高自身造血能力。西北农林科技大学成人教育学院牵头开展“农民发展学院”等平台，对农村基层干部和农业技术骨干开展系统培训，在“专家团”的助力下，200余名专家教授与地方骨干组成团队，有针对性开展科技攻关和技术指导，开设专题培训班300余期，为合阳累计培训基层干部、技术人员3.2万人次，依托网络平台培训果农30余万人次，从业人员自身素质得到全面提升；通过对60余名非遗传承人培训指导，让窗花、面花等一批非物质文化遗产得到有效传承。

陕西省合阳县委组织部每年选拔一百余名政治素质高、业务能力强、热心服务农村基层的相关精英组成“优秀人才先锋服务队”。先锋服务队与西北农林科技大学选派的“三团”队伍实现科技资源共享、项目任务协同、校地精英，携手组成“三团一队”这一校地协同的动员平台。校地组织协同模式在扶贫产业培育、三农人才培养、乡村治理资源整合等方面展开深度合作，助力脱贫攻坚战略的顺利实施。

2. 以项目资源整合为载体，通过项目合作实现造血式扶贫

首先，以产业扶贫为核心：即科技帮扶团队和现代农业园区为主开展扶贫项目；“三团一队”以14个省级园区为核心，带动30个县级园区，建立8 000多亩示范基地；推动当地形成一系列优质农产品产业布局模式，帮助陕西省合阳县29个农产品通过“双品一标”认证；3个农产品获国家“农产品地理标志产品”认证，“合阳红提”跻身中国果品县域公用品牌50强。其次，用项目投资带动产业扶贫：即引进龙头企业，加强龙头企业与当地农产品生产者的合作。如引进陕西康盛堂药业、陕西正能集团带动贫困户年人均分红提高。在合阳县和家庄镇建设种猪繁育场，帮助合阳县建成农产品加工企业5家，引进生物制造企业3家。引进企业投资不仅解决了学校在“输血式”资金投资方面的不足，还解决了县级政府申请资金时层层上报的阻碍和低效。

三、“三团一队”组织协同动员机制创新对乡村振兴的启示

国家要对社会经济发展进行有效的引导，必须深深嵌入社会中，构建起国家政权与企业、社会组织之间的沟通机制，依凭它们保证政府的政策目标得到社会精英和大众的认同，进而高质量地执行[①]。西农“三团一队”扶贫模式机制创新是党组织动员下高校和地方政府之间协同联动，共同促进国家战略推进的典型范例，这一模式对于新时代乡村振兴战略的推进具有重要的启示意义。

（一）加强党的全面领导，健全压力传导机制促进组织协同动员

党的领导是中国治理结构的特色和独特优势。在我国的治理体制中，党委发挥着战略领导和决策中枢作用。各级党委通过对政府行政体系的全面嵌入，将党的行动逻辑、意识形态、价值导向等深层“基因”嵌入各级政府组织中，形成协同性的治理结构[②]。作为互动的主体，不仅相互嵌入，而且深深地嵌入与其所处的结构环境之中。党委、政府和乡村社会力量在对话、协商的基础上建立默契的合作机制，形成良性互动的沟通环境，国家政策的良性运行才成为可能。西农“三团一队”模式推动精准扶贫战略顺利实施的内在动力机制是各级

① 曹胜．国家自主性：从“分殊制衡”到“嵌入协同”理论变革与实践意义[J]. 比较政治学研究，2018(1)：80-97.

② 王浦劬，汤彬．当代中国治理的党政结构与功能机制分析[J]. 中国社会科学，2019(9)：4-24.

党委领导下的压力传导机制。党的各级组织有机嵌入在政府、高校和各类企业、社会组织之中。各级党组织遵守“下级服从上级”的组织原则，接受上级党组织的领导，形成上级党委—下属单位党委（组、支部、党小组）—党员”的组织领导机制。同时，各级党组织本身也对所在的政策、业务主管部门实行党的领导。这种制度安排确保各个部门在落实党中央战略决策部署过程中高度协同并服从于宏观战略目标。在乡村振兴任务下达之时要落实落好责任，党政部门不仅负责命令的下达，更需将责任落实到一把手，层层压实责任，有效推进脱贫攻坚与乡村振兴的有效衔接。同时在组织协同动员过程中，要强化检查巡查，推进督查工作常态化。各级党组织通过巡察把党的权威落到实处，及时发现并解决出现的问题，确保乡村振兴战略的持续推进。

（二）高校与地方政府“跨界”协同动员的组织机制

西农“三团一队”扶贫模式在新时代乡村振兴过程中在其他高校和地方政府之间推广需要高校与地方政府在组织协同动员的能动性激发和机制构建两个层面进一步加强。

首先，科学设计责权利的均衡配置，提升各主体参与协同动员的主观意愿。乡村振兴战略实施过程的复杂性和艰巨性要远远超过精准扶贫战略。在系统推进乡村振兴战略的过程中，要更加充分地动员全社会力量积极参与。在此过程中，组织间权力责任配置是关键。乡村振兴战略推进中，基层个别治理单元面临着无限责任和有限权力之间的悖论，导致其参与动员的积极性很低。因此，要借鉴西农“三团一队”的模式，校党委给予学校推广处和各个二级学院充分授权，鼓励其与合阳县各乡镇展开多样化的合作模式。合阳县“书记帮镇助力团”的组建，以授责与授权同步的方式构成了高校（包括校内二级学院）和地方政府党委齐抓共管、协同共进的工作格局。这种权责分配机制使得高校二级学院和贫困县乡镇协同执行国家战略任务清晰明确，方法得心应手，为乡村振兴战略的顺利推进提供坚强的组织保障。

其次，构建嵌入式的协同动员网络，提升各主体参与动员的效率。鉴于中国传统社会长期存在的“官本位”思想的影响，“行政级别”和“单位性质”成为地方政府、高校、企业和各类社会组织协同参与国家战略过程中存在的隐形羁绊。新时代以互联网为平台形成的网络治理结构成为组织协同动员的主要内容。各参与主体所拥有的平等地位和对等权力更好地促进了主体间协同合作的稳定性和有效性，最大程度上激发了主体合作的潜力。传统的高校和地方政府之间离线的、封闭的、中心化的、线性控制的协同动员网络将逐渐被互联网时代在线的、开放的、分布式的、网状赋能的协同动员网络所代替。精准扶贫战略实施过程中，西农“三团一队”模式定点帮扶陕西省合阳县实现了将前期工作“点上做亮”扩展到了“面上做好”，将“候鸟”式的阶段性服务拓展到融合嵌入式全程参与工作，构建了学校全员参与的组织管理体系，实现了全产业全区域全方位全覆盖。这种嵌入式的网状赋能动员结构为乡村振兴战略推进中校地合作奠定了坚实基础。

（三）高校人才培养模式创新为乡村振兴打下坚实基础

“三农”问题是我国长久以来重点关注的问题，要想做好农业农村的工作，培养大批量“懂农业、爱农村、爱农民”的“三农”人员队伍是关乎乡村振兴战略成败的关键。“懂农业、爱农村、爱农民”的“一懂两爱”是我国农业高校的重要使命和长期奋斗目标。深入基层才能真正体会民生,西农"三团一队"的实施,让学生在基层一线经风雨、见世面,磨炼意志、增长才干,让学生深入农村了解国情民情,将甘于奉献的精神贯穿于学习和工作,为社会的发展培养人才。西农"三团一队"模式通过组织协同动员的机制创新,深入推进了在高校人才培养过程中着力实现知识分子与社会大众相结合、知识生产与社会生产相结合、服务基层与自我成长相结合的办学理念①。西农"三团一队"模式的成功实践为其他农业类高校扎根广大农村、开展校地合作、助力乡村振兴提供了可复制的经验。

乡村建设关乎国家建设,党和政府历来重视乡村建设。党的十九大报告把乡村振兴作为新时代的国家战略提升到党治国理政的突出位置。乡村能否振兴关系到全面建设社会主义现代化国家任务的成败。在精准扶贫战略实施中,基层各级政府和各类社会组织通过组织协同动员,实现了参与主体的集聚、组织资源的整合和行动网络的协同,最终取得了脱贫攻坚战略的伟大胜利。西北农林科技大学作为部属高校积极参与国家战略并在此过程中形成的"三团一队"校地合作模式,为乡村振兴战略的实施提供了宝贵的经验。西农"三团一队"模式基于多元协作和协同治理的动员机制,实现"从条块分割、各自为政的传统组织模式向基于平台整合与万物互联的合作模式转变"②,形成"党政主导、公众参与、社会协同、上下联动"的贫困治理格局。西农"三团一队"模式创新指明了在基层治理中,政府积极动员不同性质与规模的企事业单位、社会组织合作参与乡村振兴,同时调和多元主体的利益分歧,增进组织化行动的具体路径。

---

① 魏程琳.创新型"三农"人才培养的有效机制:基于高校研究生助力团的调研分析 [J].青少年研究与实践,2021(2):1-9.

② 韩万渠,柴琳琳,韩一.平台型政府:作为一种政府形态的理论构建 [J].上海行政学院学报,2021(5):58-67.

第三章　干部驻村：贫困治理的干部助力

干部驻村机制是对我国农村广泛存在的各类驻村工作队、驻村帮扶、驻村制、包村制等工作机制的总称，是我国长期以来形成的权力下沉、组织动员、资源汲取和配置的独特工作方式。干部驻村机制的雏形源于中国共产党在解放区领导土改运动中的工作队，其形成之初便致力于密切联系群众，加强党对农村工作的全面领导。作为制度化的官僚组织运行之外的一种补充机制，干部驻村在迅速有效地组织亿万农民解决农村问题、促进党的政策在农村更好落实等方面发挥着巨大作用。对干部驻村机制变迁的过程、特点和规律进行系统总结和理论提升，不仅具有重要历史意义和学术价值，而且对进一步完善乡村振兴战略实施中的干部驻村机制具有重要启示意义。那么，干部驻村机制形成至今的发展进路如何？干部驻村机制在关键历史节点中是如何自我更新的？又将如何朝着治理现代化的方向发展演进？

第一节　干部驻村的历史演进脉络①

一、问题提出与分析框架

（一）文献综述与问题的提出

学界对于干部驻村机制的研究主要分为以下两个层面。首先，从宏大叙事的理论和历史视野阐释干部驻村机制的形成历史、重要意义和作用。刘金海基于历史视角梳理驻村工作队的组织形式、人员构成历史作用等②。李里峰以华北土改运动为中心考察工作队的角色特征、权力属性及其与村庄内部权力的互动模式③。童春阳、何欣等人提出干部驻村机制是中国特色的贫困治理制度设计④，对脱贫攻坚、固本强基和基层党组织建设发挥了重要作用，为世界反贫困提供了中国方案⑤。

---

①　这一节部分内容以题为《动员逻辑与科层逻辑的互动：干部驻村机制变迁审思》发表于《宁夏社会科学》2022 年第 4 期。此次出版时有删减。

②　刘金海．工作队：当代中国农村工作的特殊组织及形式 [J]. 中共党史研究，2012（12）：50-59.

③　李里峰．工作队：一种国家权力的非常规运作机制：以华北土改运动为中心的考察 [J]. 江苏社会科学，2010(3)：207-214.

④　童春阳，周扬．中国精准扶贫驻村帮扶工作成效及其影响因素 [J]. 地理研究，2020 (5)：1128-1138.

⑤　何欣，黄心波，朱可涵．贫困治理的中国创新：基于中国家庭金融调查驻村第一书记数据的分析 [J]. 西南金融，2020(9)：27-37.

其次,以微观的机制运行为研究对象,以实证分析和案例分析为方法,分析干部驻村机制运行中多元主体互动博弈的结构、模式及困境。一部分学者从相对悲观的视角看待干部驻村机制对于农村扶贫和社会治理的效果。许汉泽和李小云提出驻村“第一书记”的行动遭遇到派出单位、乡镇干部和村干部等多元主体的结构性排斥①。谢小芹提出干部驻村机制与原有村庄治理主体互动博弈形成“双轨治理”格局,其中隐藏着共谋和形式主义等新问题②。刘建军、钟海等人提出驻村工作队和第一书记作为外在治理力量③,以超常规运行逻辑嵌入乡村熟人社会后会遭遇行动壁垒④。李胜蓝和江立华以主体角色理论为框架分析驻村第一书记扶贫消极的“仪式化表演”应对策略⑤。何阳和娄成武分析驻村“第一书记”的权责匹配冲突困境及其形成机理并提出改进措施⑥。还有一些学者则得出相对乐观的结果。程同顺和许晓提出干部驻村帮扶机制构建了紧密嵌合、上下贯通的治理结构,把基层治理中的多重治理逻辑推向统合⑦。张洪新提出驻村帮扶中“接棒治理”的模式可以最大限度利用体制资源帮助落后村发展⑧。还有一些学者则持相对中立的观点。如丁波通过田野调查发现驻村帮扶制度下贫困村治理主体之间形成了合作型和冲突型两种治理主体结构⑨。

综上所述,现有的关于干部驻村机制的研究体现为宏观理论叙事和微观就事论事两极分化的状况。一方面,宏观的理论和历史分析不足,导致现实的干部驻村机制运行缺乏深厚的理论基础。基于某一研究视角的分析较多,但在由点到面,尤其是延伸到“面”的整体性、深入性分析用力不足。仅有的一些整体的分析又没能深入机制运行的内在机理揭示出机制演化的规律。另一方面,学术界微观的干部驻村案例分析由于缺乏共享的理论知识陷入各说各话的离散分析,得出或积极或消极的结论,导致理论界的研究成果对于现实干部驻村机制运行的指导意义大打折扣。

干部驻村机制是中国特色国家治理的重要机制。以宏大理论叙事分析无法回答干部驻村机制运行中更加深入和具体的现实运行问题。以个案分析为特征的微观分析方法又容易导致对现实问题反思的琐碎和结论的离散和争议,难以形成有指导意义的知识积累。基于此,干部驻村机制的研究呼唤中层分析理论。历史制度主义是一种中观层面的中长期制度

① 许汉泽,李小云.精准扶贫背景下驻村机制的实践困境及其后果:以豫中J县驻村“第一书记”扶贫为例[J].江西财经大学学报,2017(3):82-89.

② 谢小芹.“双轨治理”:“第一书记”扶贫制度的一种分析框架[J].南京农业大学学报(社会科学版),2017(3):53-62.

③ 刘建军.驻村“第一书记”的行动壁垒如何破[J].人民论坛,2019(8):33-35.

④ 钟海.超常轨化运行:驻村工作队的角色塑造与运作逻辑:基于陕南L村的田野调查田[J].求实,2020(3):95-108.

⑤ 李胜蓝,江立华.基于角色理论的驻村“第一书记”扶贫实践困境分析[J].中国特色社会主义研究,2018(6):74-80.

⑥ 何阳,娄成武.精准扶贫中驻村“第一书记”的权责匹配冲突及耦合[J].西南民族大学学报(人文社会科学版),2019(4):201-207.

⑦ 程同顺,许晓.驻村帮扶下的乡村治理变革:基于H省C镇X村的田野调查[J].江苏行政学院学报,2020(1):94-103.

⑧ 张洪新.驻村帮扶“接棒治理”的逻辑与归宿:基于豫南L行政村的田野调查[J].西北农林科技大学学报(社会科学版),2020(4):43-55.

⑨ 丁波.驻村帮扶下村庄治理主体结构和行动逻辑:基于T县两村的实证研究[J].西北农林科技大学学报(社会科学版),2019(4):61-68.

分析方法。本书运用历史制度主义的理论范式，从中观层面的制度变迁视角分析从中华人民共和国成立到当下新时代干部驻村机制渐进性变迁中的发展脉络、关键节点和过程追踪及其未来发展趋势。

（二）理论基础与分析框架

历史制度主义是20世纪八九十年代西方比较政治研究领域兴起的新制度主义三大流派之一，主要代表人物有彼得·霍尔、特伦（Thelen）和斯坦默（Steinmon）等。历史制度主义视域下的制度既包括正式规则（如法律、公共政策和各种规章制度），也包括社会规范、习俗、惯例、符号以及仪式等非正式制度。运用历史制度主义的分析视角审视干部驻村机制的变迁过程可以从以下三个层面展开。

首先，制度脉络分析。历史制度主义强调制度发展过程中历史的重要性，致力于从真实的历史进程中总结和归纳出对特定事件的发展延续起重要或者决定性作用的宏观结构因素。历史制度主义关注的制度脉络分析不是孤立地分析单独存在的某一种制度，而是放在其发展的历史脉络中去理解多种制度互动形成的复合结构模式。只有把干部驻村机制置于一个更长时段的历史或制度脉络中，站在宏大的制度或社会历史文化情境中审视，才能在干部驻村机制的形成、发展的历史轨迹中摸索出驻村机制变迁的因果链条。

其次，制度渐进性变迁中的路径依赖和关键节点。过去所建立的制度会限制现在的制度选择，这就是制度变迁过程中的路径依赖。路径依赖的形成源于制度的正反馈效应。制度具有利益分配功能，制度一旦形成就会形塑特定权力和利益的分配格局。在此格局下的获益者会极力促使现有状态不断延续和强化以致形成特定的发展路径。一旦成型的路径形成，那么制度的正反馈效应会越来越强，想要改变此路径所付出的成本也会越来越高昂。关键节点指的是制度延续运行中的某一个关键节点，制度体系背后的权力结构发生质的转变并对后续制度运行产生非预期的重要影响。干部驻村机制变迁过程中既有路径依赖式的相对稳定性，也有重大历史节点的突变性。两者相结合构成了干部驻村机制变迁图景的主干。

最后，制度渐进性变迁中的交互并存和制度拼图。历史制度主义视角下的制度变迁分析不是简单地描述制度被锁定，形成影响后续制度发展的稳定轨迹，然后到了某个关键节点制度背后的权力关系松动，制度迅速变迁。相反，在同一政治系统内部，产生时间、运行步调不一致的各种制度难免会发生冲突，制度创建的非同时性产生了“制度拼图”。制度拼图导致制度之间的衔接出现各种问题，在此过程中会产生制度的渐进性变迁。历史制度主义学者奥伦和斯科夫罗内克引入“交互并存”的概念来说明“制度在创建、复制和变迁中的持续性特征”①。在交互并存阶段的渐进性制度变迁往往存在四种不同样态的变迁模式。取代（displacement），即移除既有规则，并引入新规则；层叠（layering），即引入新规则，将其置于既有规则之上，或使其与既有规则并行存在；漂移（drift），即由于环境改变，既有规则的影响发生改变；转换（conversion），即由于策略调整，既有规则改变了执行方式②。干部驻村机制的渐进性变迁体现为漂移和转换的结合，这种制度拼图现象勾勒出干部驻村机制变迁图景

---

① 奥菲欧·菲奥雷托斯，图利亚·费勒提，亚当·谢因盖特．政治学中的历史制度主义[J].黄宗昊，译．国外理论动态，2020(2):112-126.

② 马得勇．历史制度主义的渐进性制度变迁理论：兼论其在中国的适用性[J].经济社会体制比较，2018(5):158-170.

的具体细节。

二、干部驻村机制的历史发展脉络

向农村派驻工作队是毛泽东在新民主主义革命时期进行革命军队建设和在解放区开展土改工作时所采取的有效工作方式。中华人民共和国成立后,工作队作为一种革命工作方式得到党中央和各级政府的传承,从中华人民共和国成立到新时代的发展演进中经历了以下三个发展阶段。

(一)"继续革命"的工具:集体化时期"革命化"动员与运行

集体化时期驻村工作队典型形态有20世纪50年代的土改工作队、农业社会主义改造工作队、70年代的农业学大寨工作队等。集体化时期的驻村工作队的组织机制、职责权限和激励机制体现出鲜明的"社会革命"特征。20世纪50年代土改驻村工作队的主要功能和组织设计是以阶级斗争为目标,访贫问苦,扎根串联,教育和发动人民群众成立农民协会,划分阶级成分,召开诉苦会,对地主进行说理清算。20世纪60年代的干部驻村工作队的组织机制体现为:工作队由领导干部带头到基层蹲点,训练干部和贫下中农积极分子,开展试点运动[①]。试点"成功"后再以点带面,点面结合,开展"大兵团作战式"的群众运动。总之,集体化时期的驻村工作队队伍规模庞大,工作开展声势浩大,体现出了党中央对于基层工作事务的高度集中领导。"驻村工作队"具有显著的"人格化"特征,其组织机制、职责权力与激励机制等方面体现出很大的革命意识形态性和高度灵活性。

总之,集体化时期的驻村工作队队伍规模庞大,工作开展声势浩大,体现出了党中央对于基层工作事务的高度集中领导。"驻村工作队"具有显著的"人格化"特征,其组织机制、职责权力与激励机制等方面体现出很大的革命意识形态性和高度灵活性。

(二)运动式治理的利器:改革开放后非常规化组织与运行

十一届三中全会后,驻村工作队的组织模式由全国范围的整体安排变为以省为单位的专项治理行动。如20世纪80初湖南省的计划生育工作队、80年代末90年代初的农村社会主义教育活动工作队、90年代中期山西省的扶贫工作队、河南省的下访工作队、21世纪初的"三个代表"工作队、2011年湖北省的"万名干部进万村入万户"开展送政策、访民情、办实事、促发展活动等。

从党的十一届三中全会到2015年前干部驻村机制体现出明显的运动化治理特点。第一,机构设置和组织机制的临时性和多样性。驻村活动的发起往往与党代会、意识形态的重要节点相联系,发起具有临时性和动态性,各个省份之间步调不一致。驻村干部归县(区)委组织部管理,由驻村所在乡镇党委直接管理,派出单位协助管理。第二,职责权限具有意识形态宣教和社会服务相结合的特点。为了更扎实地做好意识形态宣教工作,驻村工作队集中于为基层群众办实事解难事的各个领域,以实际行动呼应主流意识形态对人民的政治承诺。第三,激励与考核机制的不确定性。从意识形态宣教层面切入和下派的驻村工作队激励与考核机制大都没有明确的量化标准。如1991年开展的农村社会主义教育活动,在中

① 中央档案馆,中共中央文献研究室．中共中央文件选集(1949年10月—1966年5月)第49册[M].北京:人民出版社,2013,41.

央发布的《关于在农村普遍开展社会主义思想教育的意见》中，只是在总体政策层面要求县以上党政机关要抽调优秀干部下乡，帮助当地党组织和基层干部做好社会主义思想教育的宣传组织工作。具体帮助到什么程度，考核细则却没有明确说明。

（三）制度化动员的手段：党的十八大以来常态化组织与运行

党的十八大之后，党中央、国务院从全面建成小康社会的大局出发，推动精准扶贫战略。根据《关于做好新一轮中央、国家机关和有关单位定点扶贫工作的通知》（国开办发〔2012〕78 号）和中共中央组织部、中央农村工作领导小组、国务院扶贫办《关于做好选派机关优秀干部到村任第一书记工作的通知》（组通字〔2015〕24 号）等相关文件精神，各地积极选拔优秀党员干部驻村扶贫。扶贫是党的十八大以后干部驻村的最直接、最重要的政治任务。驻村扶贫工作队、驻村扶贫第一书记是主要的组织形式。具体的机制设计体现为以下三个层面。

第一，组织机制明晰化。驻村工作队队员和驻村第一书记任职一般为 1~3 年，各地方对驻村工作队和第一书记实行双重管理，即县（市、区、旗）党委组织部、乡镇党委和派出单位共同管理。派出单位定期听取第一书记工作汇报，适时到村调研，指导促进工作。第二，职责权限庞杂化。根据 2015 年中共中央组织部的文件精神，第一书记到村任职的职责任务有四项：建强基层组织、推动精准扶贫、为民办事服务、提升治理水平。从中央文件精神来看，这是一个非常庞杂的责任框架。具体在基层、驻村工作队和第一书记的职责权限则因地因人有一些微调。第三，激励考核机制加强化。为鼓励驻村干部在农村干事创业，各地根据实际情况提供激励措施。如山西省 HS 县向驻村工作队发放工作经费和生活补贴，为驻村干部缴纳人身意外伤害保险，并出台了《激励干部在脱贫攻坚一线担当作为的实施办法》。

三、干部驻村机制变迁的演化逻辑

鉴于现实世界的动态性和复杂性，历史制度主义强调从真实的历史进程中总结和归纳出对特定事件的发展延续起重要或者决定性作用的制度因素。

（一）国家权力嵌入下组织记忆的动态激活：干部驻村机制变迁的路径依赖

国家治理进程中的路径依赖现象往往体现在众多治理路径选择过程中。由于历史的偶然性、现实的利益权衡和制度本身的正反馈效应等各种因素的交织，治理主体形成的对于某一种治理路径的依赖。国家治理中政策从上到下执行往往依靠两种路径来达到预期目标，即常规的韦伯式科层机制和超常规的动员机制①。当常规的科层式执行手段没有办法在规定时间内达成预定政策目标时，超常规的动员式手段就会被激活，在政策目标达成中发挥关键作用。中国特色的政策在执行过程体现为对动员机制的依赖。在集体化时代，超常规的组织动员是确保我国国家政策落地实施的重要手段。从此，这种起源于革命年代党领导中国人民实现当家作主的政治理想的策略和手段在中国特色国家治理过程中逐步沉积下来②，形成中国式公共政策执行的“组织记忆”。这种组织记忆对于当下的国家治理依然产

① 周雪光．运动型治理机制：中国国家治理的制度逻辑再思考 [J]. 开放时代，2012(9):105-125.

② 臧雷振，徐湘林．理解“专项治理”：中国特色公共政策实践工具 [J]. 清华大学学报（哲学社会科学版），2014(6):161-170.

生重要影响。

英国学者迈克尔·曼提出国家权力分为专制型（强制型）权力（despotic power）和基础型权力（infrastructural power）[①]。国家的专制型（强制型）权力，指国家精英可以在不必与社会各集团进行例行化、制度化讨价还价的前提下自行行动的范围；国家的基础型权力，指国家在事实上渗透社会，在其统治的领域内有效贯彻其政治决策的能力[②]。国家能力的强弱取决于国家基础型权力的建构程度。一个能力强大的国家应当是一个能够在国家与社会之间建立一种“治理性相互依赖”（governed interdependence）的制度性链接[③]。这种制度性链接在中国的国家治理体系中集中体现为政府从上到下进行的各类组织和制度创新。干部驻村机制是国家权力嵌入地方社会的有效政策工具。干部驻村机制的不同表现样态与其所处的时代要求相适应。

干部驻村机制是非常典型的运用组织动员的方式进行跨部门、跨层级资源整合推进政策执行的技术工具。在中华人民共和国成立的七十多年的发展历程中，中央政府一直通过下派驻村工作队来动员农民以完成某项政治目标。在此过程中，干部驻村机制也不断地更新换代以适应不同时代政策执行的特殊需求。但不管怎么变化，国家权力的嵌入性是干部驻村不变的机制特色。

为充分体现社会主义制度的优越性，在2020年全面建成小康社会，党中央以巩固“初心”，践行“使命”的革命精神推行脱贫攻坚战。在这场脱贫攻坚的“战役”中，国家权力向农村的再嵌入运用的重要手段之一便是干部驻村机制，其表现形式为扶贫工作队和驻村第一书记。国家权力的再嵌入在干部驻村机制上体现为两个层面：一是监督权力的嵌入。第一书记进村后，对村集体的党建、扶贫以及日常各项工作起到监督和指导作用。要对农村现有的贫困户进行摸底排查，以便排除一些不符合标准的所谓“贫困户”；二是资源配置权力的嵌入。县级以上单位的干部到村扶贫，都会凭借干部本人及其所在单位所掌握的专项资金、定点项目分配权力“有意”地向驻点贫困村倾斜。这些国家权力资源配置“特殊青睐”的贫困村往往能迅速脱贫。

总之，在干部驻村机制不同的发展阶段和不同表现样态中，国家组织记忆中的组织动员机制是促发因素，国家权力的“在场”是干部驻村机制变迁的路径依赖。

（二）漂移与转换的交互并存：干部驻村机制的渐进性变迁过程追踪

制度渐进性变迁的过程是一个不断的动态调适和改变的过程。即便原有的制度规则保持相对稳定，但制度运行的环境发生重大变化也能重塑制度含义及其具体的社会影响。20世纪50年代是干部驻村机制的主体框架成型时期。此后，干部驻村机制渐进性变迁中的制度漂移主要是随着不同时代国家治理面临的环境、指导思想的变化、干部驻村作用的偏离、弱化和再强化。

1. 改革开放理念革新与干部驻村机制的转换与弱化

制度渐进性变迁中的转换（conversion）指规则没变，但制度执行主体改变了执行方式，

① 刘昶．迈克尔·曼论国家自主性权力 [J]. 上海行政学院学报，2016(1)：76-85.

② 刘鹏．三十年来海外学者视野下的当代中国国家性及其争论述评 [J]. 社会学研究，2009(5)：189-213.

③ WEISS L. The Myth of the Powerless State[M].Ithaca: Cornell University Press，1998，174.

在制度运行中对规则进行再阐释导致制度运行结果发生变化[1]。十一届三中全会后，“不搞运动”，以经济建设为中心成为意识形态的主流，干部驻村机制实现了重大转换。

首先，干部驻村的功能设计注重建设和治理而逐渐淡化革命。中国这个超大规模国家在治理过程中，一直存在常规的科层官僚体制和超常规的组织动员两者之间的互动、张力和协同问题。干部驻村机制是典型的组织动员机制。改革开放后，以邓小平为核心的党中央开启了理性化和制度化取向的改革。干部驻村作为一种党的组织动员机制一直在延续。但是各级政府开始把驻村机制进行再阐释，让干部驻村更好地服务于专业化的国家治理，临时性用于解决某些科层体制难以有效解决的难题。比如党建工作队、先进性教育工作队依法治村工作队、综合治理工作队等。其次，干部驻村的组织规模一般以省和市为单位，规模较以往要小得多。最后，干部驻村机制在驻村的形式方面与集体化时期保持基本一致，比如都要求干部驻村之后要坚持“三同一片”（与农民同吃同住同劳动，与农民打成一片）原则，但在实质性的权力设计层面则大大弱化。干部驻村后只是辅助村“两委”解决实际问题，宣传国家政策，没有对基层进行人事调整的权力。

2. 自我革命精神回归与干部驻村机制的漂移与再强化

党的十八大以后，党中央推进全面深化改革与全面从严治党的进程中，提出要教育引导各级领导干部勇于自我革命，直面各种风险挑战。为全面推进精准扶贫战略，迅速有效地解决基层社会治理的贫富差距拉大、基层党组织弱化虚化边缘化等各种难题，党中央再一次启动和强化了干部驻村机制。首先，以自我革命的意识形态话语强化了干部驻村的使命。通过驻村帮扶来践行初心和使命成为各级领导干部的共识。其次，干部驻村的专业化组织设计的准科层化。在精准扶贫战略实施中，驻村干部的科学培训、日常打卡、工作守则、年度考核等方面都体现出专业化、制度化管理的特色。干部驻村机制更加自觉和自信地与科层制相结合，走出了一条中国特色的“科层治理 + 组织动员”农村治理模式。最后，驻村“第一书记”权力监督的强化。一方面，驻村“第一书记”用准制度化的途径在扶贫的一线考验、历练干部，加强对驻村干部权力的监督体现出党中央在培养干部有权必有责，用权受监督的正确权力观。另一方面，驻村“第一书记”进村开展调研，对基层干部在贫困户认定识别、村庄公共事务“四议两公开”等进行监督，实现了国家权力对于基层的有效渗透和掌控。

总之，干部驻村机制的传承延续和革新变迁是一体两面的关系，漂移和转换将两者连接起来。在干部驻村机制演变的过程中，漂移和转换两种模式并不是泾渭分明式的交叠，而是若即若离的交互并存。干部驻村机制变迁中的漂移和转换充分体现出我国政府非常善于塑造和把握制度运行中的原则性与灵活性之间的辩证关系，以保持制度的适应性。干部驻村机制漂移和转换背后的科层逻辑与动员逻辑的互构，体现出中国特色治理过程的“变”与“常”。变化的是干部驻村的具体细则，不变的是国家治理中科层理性与组织动员之间动态调适的规律。

---

① 马得勇. 历史制度主义的渐进性制度变迁理论：兼论其在中国的适用性 [J]. 经济社会体制比较，2018(5)：158-170.

第二节　干部驻村扶贫的运作机制

党的十八大之后，党中央、国务院从全面建成小康社会的大局出发，推动农村精准扶贫和精准脱贫工作。干部驻村作为一种一脉相承的机制被继续推广。根据《关于做好新一轮中央、国家机关和有关单位定点扶贫工作的通知》（国开办发〔2012〕78 号）和中共中央组织部、中央农村工作领导小组、国务院扶贫办《关于做好选派机关优秀干部到村任第一书记工作的通知》（组通字〔2015〕24 号）等相关文件精神，各地积极选拔优秀党员干部驻村扶贫。扶贫是党的十八大以后干部驻村的最直接、最重要的政治任务。驻村扶贫工作队、驻村扶贫第一书记是主要的组织形式。

一、干部驻村扶贫的运作机制

（一）组织机制

驻村工作队队员和驻村第一书记任职一般为 1~3 年，各地方对驻村工作队和第一书记实行双重管理，即县（市、区、旗）党委组织部、乡镇党委和派出单位共同管理。任职期间，驻村干部原则上不承担派出单位工作，原人事关系、工资和福利待遇不变，党组织关系转到村。派出单位定期听取第一书记工作汇报，适时到村调研，指导促进工作。如山西省 HS 县在省、市选派帮扶单位和工作队的基础上，采取“一帮多、多帮一”的方式和“硬抽人、抽硬人”的措施，从县直单位和垂直管理部门选派了帮扶工作队，同时，为进一步增强帮扶力量，优化队伍结构，HS 县又先后 14 次对建档立卡村的帮扶单位进行调整充实，实现了户户见干部、帮扶全覆盖①。

（二）职责权限

根据 2015 年中共中央组织部的文件精神，第一书记到村任职的职责任务有四项：建强基层组织、推动精准扶贫、为民办事服务、提升治理水平。从中央文件精神来看，这是一个非常庞杂的责任框架。具体在基层，驻村工作队和第一书记的职责权限则因地因人有一些微调。在调研 HS 县时发现，驻村工作队和第一书记的工作职责更是庞杂，基本上覆盖了推动“三农”工作的所有方面，通过精准扶贫，全面不仅解决了贫困户的问题，而且提升了农业农村农民的整体发展水平。下面以 HS 县为例。

1. 抓组织建设，提升“两委”干部素质

工作队进驻之后首要任务就是加强基层组织建设，配齐配强“两委”班子。他们从思想、组织、能力三个方面入手：一是加强思想建设。从提高党员干部的思想觉悟入手，紧密结合“两学一做”学习教育，提高了广大党员干部的政治思想觉悟；二是健全组织建设。通过常态化的入户访谈和耐心细致的思想工作，圆满完成了村支两委换届工作。三是提升能力水平。结合学习宣传贯彻党的十九大精神，不断提高党员干部的思想政治水平，拓宽创业干事的思路，进一步提升班子集体的战斗力、凝聚力和感召力。

---

① 资料来源：参见《HS 县驻村帮扶工作开展情况报告》。调研资料编号：20191226HS02。

2. 抓建档立卡，提升精准帮扶水平

驻村干部驻村工作期间，必须到贫困户家中进行走访调查，全面了解贫困户的基本情况，掌握翔实具体的贫困户信息，做到因户施策、因地制宜。

首先，精准识别。一是对原有贫困户的人口数量、住房面积、经济收入来源、人均收入等基本信息逐一收集汇总，认真填写翔实的“一户一档”“一村一本”“一簿一表”扶贫档案资料，全面做好建档立卡工作和登记造册工作。二是根据省、市、县、乡关于脱贫攻坚动态调整的方案要求及所在村实际情况，工作队同村支两委干部共同召开户代表大会，以公开讨论的形式研究贫困户动态调整，并制订帮扶计划和措施。

其次，精准帮扶。一是因户施策，精准帮扶。通过节前慰问、社会兜底、生态补偿、发展庭院经济、资产性收益分红、光伏扶贫政策补贴、健康扶贫、危房改造等帮扶措施，高标准完成贫困户脱贫任务。二是根据国家、省、市、县扶贫办《关于开展贫困户位置信息采集工作的通知》文件要求，对建档立卡贫困户的位置信息，即贫困户住所的经纬度进行精准定位，做到不漏一户、不错一户，确保贫困户信息采集真实、准确。三是针对全村外出人员较多的现状，结合相关政策，对外出人员进行排查摸底，并组建外出务工理事会，接收全村所有外出人参与，吸纳未参加工会组织人员，通过村工作组加入工会组织，进一步落实精准帮扶措施，确保小康路上不落一人。

3. 抓项目实施，打造生态休闲庄园

在基础设施建设上，硬化村级道路和村前广场，拓宽村内街道硬化面积；绿化入村道路，安装防护网；新建两座影壁、井和凉亭等。在农户增收项目上，一是驻村工作队给每一户贫困户购买了20只笨鸡，发展庭院经济，促进农民增收。二是调整种植结构。根据所驻村庄独特的气候条件从内蒙古购买优质种子，进行莜麦试种，取得良好效果后进一步扩大种植面积。三是在乡政府的支持下，连片种植中药材，目前长势良好。四是资产性收益分红，JZ盛晋农业开发有限公司农副产品加工项目覆盖全村，重点给贫困户分红。五是光伏扶贫项目，覆盖在村居住贫困户8户11人。在宜居生态提升上，设计建设了田园式石头围墙、整修厕所、油漆门窗、粉刷内外墙、新建护村坝，为打造生态休闲庄园奠定了环境基础。

4. 抓暖心工程，提升脱贫攻坚信心

在春节和中秋节等传统节日，由所在单位出资购置慰问品（米、面、油）亲自送到贫困户家中，对所有贫困户实现了全覆盖，并送上“帮扶连心卡”、核心价值观日历等，让贫困户在寒冬腊月里感到党和政府的关怀，让贫困户心中觉得有人管、有人帮，村民们能过上幸福温暖的团圆节。

5. 抓集体经济，提升党组织凝聚力和战斗力

根据HS县委《关于发展壮大村级集体经济开展“破零行动”的实施意见》，结合所驻村实际情况，多措并举，发展壮大村级集体经济。一是将新建的16栋牛舍以租赁的形式让村民使用，经村民代表大会讨论通过，每栋每年租赁费300元，这样村集体每年有4 800元的收入。二是按照政策规定，从国家公益林补助款中提取20%作为集体经济收入。三是资产性收益分红。JZ盛晋农业开发有限公司农副产品加工项目，村集体提留40%作为集体经济收入，顺利实现村级集体经济“破零”。

6. 抓长远规划，提升增收渠道长远性

YMC村是HS县最大的天然林保护区，茂密的森林给YMC村提供了优越的生态环境。工作队结合 YMC 村的实际情况,同两委一班人制定了 YMC 村《乡村生态旅游项目五年发展规划》,充分利用山前的小河、山上的野果、村前的"百草园"中药材种植基地以及村内悠久的历史文化等一些旅游要素来发展乡村旅游项目,融入整个生态旅游的产业链条,从而赢得更好的发展机遇,形成一幅"满山绿意、清水绕村"的和谐新农村发展画面①。

7. 抓宣传宣讲,让脱贫攻坚政策深入民心

驻村干部充分利用村广播、上门入户、田间地头、开会座谈等多形式和多渠道的宣讲方法,宣讲扶贫攻坚的各项政策;宣讲党的"三农"政策和乡村振兴战略;宣讲党中央、国务院和省、市、县、乡关于脱贫攻坚各项方针政策和决策部署,切实把广大党员干部群众的思想统一到打好脱贫攻坚战、全面建成小康社会上来,驻村工作队和第一书记要当好宣传员,把党的各项政策传递到各家各户,做到家喻户晓,人人皆知。

(三)激励考核机制

为鼓励驻村干部在农村干事创业,各地根据实际情况提供激励措施。如山西省 HS 县向驻村工作队发放工作经费和生活补贴,为驻村干部缴纳人身意外伤害保险。出台了《激励干部在脱贫攻坚一线担当作为的实施办法》,对在脱贫攻坚工作中表现突出的优秀人才予以优先提拔使用,对表现突出的工作队和第一书记积极进行表彰奖励。HS 县委组织部建立科级干部脱贫攻坚纪实档案制度,出台了《激励干部在脱贫攻坚一线担当作为的实施办法》,确定了 30 个空缺科级领导岗位专门面向脱贫攻坚一线干部选配。2019 年 6 月份以来,共有 23 名脱贫攻坚一线干部因实绩突出被提拔重用,5 名乡镇党政正职因在脱贫攻坚工作中不担当、不作为被免职处理,提拔重用了 7 名敢担当、善作为的脱贫攻坚一线优秀干部任乡镇党政正职,树立了在脱贫攻坚一线培养锻炼、选拔任用、检验考核干部的鲜明用人导向,实现脱贫攻坚和锻造干部"共赢"。

与此同时,为加强驻村干部的管理,各地都明确制定一些办法,如《关于进一步严格管理驻村工作队和第一书记的通知》《关于进一步加强对驻村工作队和第一书记日常管理的通知》《关于对驻村工作队分类管理的实施意见》《关于村级驻村"三支队伍"合力攻坚的意见》等,明确省市驻县大队长、市驻乡镇中队长以及乡镇干部、驻村工作队、村支"两委"在脱贫攻坚中的职责分工,形成抓党建促脱贫的合力。实行五天四夜、周清单、月汇报、季巡查、半年测评、年底考核等一系列制度。创新推行《驻村帮扶工作积分制管理办法》,精准细化任务,精准考核评价,用积分排名来衡量扶贫成效,为驻村工作队提供了"行动指南"。

二、干部驻村机制的运行难题

干部驻村帮扶对于脱贫攻坚战略的圆满完成起到了关键作用。驻村干部的主动担当作为,动情真帮实扶,是脱贫攻坚战取得胜利的重要保障。同时,干部驻村机制运行过程中也存在一些难题。

(一)驻村干部工作能力和态度的极大考验

干部驻村帮扶政策实施需要驻村工作队和驻村第一书记同时了解村情民意和熟悉国家的相关扶贫惠农政策。驻村干部在实际工作过程中要将扶贫惠农政策宣传到位,让贫困户

① 资料来源:参见 HS 县委宣传部《YMC 村脱贫攻坚典型事迹材料》。调研资料编号:20191227HS06。

知道国家政策，掌握国家政策。要学习国家有关“三农”的政策、法律法规，如《农村工作手册》《农村医疗保险》《计生工作条例》《村委会组织法》等。要清楚易地搬迁、危房改造政策让贫困户的住房条件得到改善；要知晓医疗报销、困难补助政策，让贫困户的看病就医得到应有保障；要熟悉减免学费、生源地贷款政策，让贫困户学生顺利上学；要明白产业扶贫、项目扶持政策，带领贫困户参与项目，提高收入。上述业务知识，需要驻村干部自学并迅速执行到位。这就要求干部由原来的某一单位技术岗位上的“专才”变成扎根农村，帮扶农民全面脱贫的“通才”。这种角色的转变对驻村干部的能力是一个巨大的考验。

干部驻村机制的具体落实有严格的制度保障。HS县严格实施“五天四夜”工作制，要求驻村干部吃住在村，用通俗易懂的群众语言，大力宣传党的扶贫开发和强农惠农富农政策，做到家喻户晓，路人皆知，深入推动政策落实，解决宣传政策入户的“最后一公里”问题。根据“五个一批”，驻村干部需要对所在村庄贫困户进行认真分析研判，因户因人施策，对症下药，拿出切实可行的帮扶措施和帮扶计划，帮助选准发展路子，培育农民合作社，增加村集体收入，增强“造血”功能。

驻村干部有效开展工作，需要积极了解贫困户的真实想法，了解他们对未来的规划。主动站在贫困户的角度上思考问题，要有扶危救济的担当和准确的自我定位，而不是自我标榜道德高地，高高在上、颐指气使，以自己的意愿代替贫困户的想法。工作用没用“心”，群众是能体会到的；被动扶贫和主动帮扶，群众心知肚明；有没有将工作落在实处，群众是看在眼里的。只有真心付出、真心帮扶，扶贫工作才会取得实效。驻村干部也是社会中普通劳动者的一员，他们中大多数都处于上有老、下有小的年纪，抛家舍业放弃家庭的责任去驻村扶贫，需要他们对党绝对忠诚，对国家的扶贫事业充满信心。这对驻村干部的工作态度也是一个巨大的考验。

（二）驻村干部嵌入和激发社会力量的难题

驻村干部是上连党委政府，下连村民百姓的重要角色，起着桥梁纽带的作用。驻村干部落脚点在村，着力点在民，是民情民意的调查员。因此，嵌入性是干部驻村机制的底色。驻村干部和乡村社会主体作为互动的双方主体，不仅相互嵌入，而且深深地嵌入与其所处的结构环境之中。干部驻村机制运行最终目的是让农民认识到可以通过驻村干部反映和实现自己的利益诉求。干部驻村机制要与乡村社会力量在监督、对话、协商的基础上建立默契的协同合作机制，形成良性互动的沟通平台。如果干部驻村机制运行中仅仅是驻村第一书记单打独斗，而社会组织孱弱，农户参与机制不健全，农民没有便捷的渠道来合理表达自己的利益诉求，那么再多的机制设计也难以阻挡强势社会力量的曲解和分化。

首先，干部驻村面临协调村两委关系，团结一切乡村力量参与扶贫的难题。干部驻村机制是国家通过自上而下的科层组织动员体系，利用现代化的先进技术渗透机制，通过主导公共资源的流向与配置，实现对社会行为的干预，体现国家自主性与公共性。驻村机制的初衷在于通过政党权力的进一步嵌入，加强农村基层组织建设、解决农村“软、散、乱、穷”等突出问题。具体运行过程中，也取得了巨大的成效。

其次，扶贫扶志，改变贫困户“等、靠、要”观念的难题。国家实施精准扶贫的真正目的是人，是贫困户“可行能力”的提升。扶贫政策精准落实的关键要素不是财政支出的扶贫款项或者与其相对应的一套分配政策或程序，而是贫困户致富能力的提升。精准扶贫政策经过科层化的执行主体如各级扶贫办的工作人员、“驻村干部”、贫困村的支部书记、村主任等的精心组织、高效落实之后变成了国家“政策红利”在农村的简单发放与分配。个别存在的简单运动式扶贫模式把部分贫困户“惯坏”了，滋生出“等、靠、要”的消极观念。因此，如何从思想上帮扶，与所帮扶的贫困户谈心交心引导他们树立勤劳致富观念；从生活上帮扶，重点解决农民朋友日常生活实际问题，提高自身发展能力；从培训上帮扶，大力实施新型农民职业技能提升培训和创业培训，多渠道提高农民的科技致富能力、市场竞争能力，使其发展产业有技术指导，外出务工有技能培训。以上这些提升贫困户发展能力的帮扶举措是驻村帮扶的主要难题。驻村干部必须清醒认识把握实践中存在的突出问题和解决这些问题的紧迫性，不放松、不停顿、不懈怠，才能完成党和国家交付的扶贫任务。

综上所述，干部驻村机制在实施过程中存在不少难题。干部驻村机制设计不仅仅要在干部达到预定考核目标时提供奖励，而且要持续为他们的阶段性行为提供明确的预期，让他们可以持续预测正在做的事情的结果，并在每个阶段提供奖励。要构建多元化的驻村干部绩效考核评估机制，把农户满意度、驻村成效的可持续性、驻村项目的长远意义等指标加入绩效考核体系，要把干部驻村与落后村落整体公共服务水平、经济发展潜力联系起来。

三、强化动员与优化科层：新时代干部驻村机制的动态调适

2021 年 5 月 12 日，中共中央办公厅印发《关于向重点乡村持续选派驻村第一书记和工作队的意见》。这标志着后扶贫时代新一轮的干部驻村机制的推进实施。相较于中央以往的干部驻村文件精神，这次最大的变化在于干部驻村后的职责任务调整为由“推动精准扶贫”转化为“推进强村富民”。由此可见，新时代党中央进一步推进干部驻村机制改革目的在于打通联系服务群众的“最后一公里”，夯实党在农村的执政基础，应对不确定性，再创发展活力。基于党的十八大以来党中央政治议程转变，以党建统领乡村治理为突破口，国家权力对乡村社会的大规模“回归”成为新时代中国农村基层治理的主线①。这一关键节点的质变仍然深刻影响着乡村振兴时代干部驻村机制的变迁。今后一段时间，干部驻村机制将在科层逻辑和动员逻辑的交织纠缠中进一步增强国家的制度化动员能力。

首先，强化动员式治理，加强协同动员机制建设。干部驻村帮扶的过程是国家与农户合作共治的“互构式治理”② 过程。集体化时期的驻村工作队之所以最终成为乡村社会的破坏力量，根本原因在于其权力运作的强制性和缺乏沟通协商平台。新时代干部驻村机制的创新要在依赖动员式治理的基础上，更加注重各种动员机制的协同。新时代强化干部驻村的动员能力，就要促使驻村干部与乡村社会力量在监督、对话、协商的基础上建立默契的协同合作机制，形成良性互动的沟通平台。要把农村自有资源、政府专项扶持资金和驻村第一书记的人力资本、社会资本在公共平台上高效互动，实现“资本下沉”赋能“资源释放”③ 的高效运行。

其次，优化科层式治理，实现干部驻村激励约束机制的匹配平衡。从干部驻村机制变迁

① 景跃进．中国农村基层治理的逻辑转换：国家与乡村社会关系的再思考 [J]. 治理研究，2018(1)：48-57.

② 陈浩天．从强制到适应：国家与农户互构式治贫进路 [J]. 南开学报（哲学社会科学版），2020(6)：94-102.

③ 杨晓婷，陆镜名，刘奕辰，等．“资本下沉”赋能“资源释放”：第一书记带动贫困村脱贫的行动逻辑与高效机制 [J]. 中国农村观察，2020(6)：49-67.

的历史进程来看，理性化、制度化的科层式治理有利于进一步提升体制的动员能力。新时代干部驻村机制的常态化运行需要进一步加强科层治理逻辑。一是问责与容错机制的平衡，给驻村干部松绑。在明确界定驻村干部权责，严格绩效考核的同时要将国家政策基层运行中实干者的创造性破坏、无意过失等探索性工作予以容错免责，给驻村干部反复试错的机会[①]。二是显性激励与潜在激励匹配结合，给驻村干部及时的、实实在在的"希望"。要构建多元化的驻村干部绩效考核评估机制，把农户满意度、驻村成效的可持续性、驻村项目的长远意义等指标加入绩效考核体系，要把干部驻村与提升落后村落整体公共服务水平、助推乡村经济发展联系起来。

干部驻村机制是一种跨部门、跨层级进行治理整合的技术工具。这种以组织动员为特色的协调机制是中国特色的国家治理手段，是对官僚体制的有效补充和监督。从宏观的历史视野来看国家渗透社会的有效性和有限性，即如何通过制度化建设，一方面保障国家政策在基层的有效落实，另一方面防止国家权力对于基层社会的过度嵌入是干部驻村机制进一步运行过程中需要谨慎思考的问题。更进一步说，上述问题的背后的深层脉络是国家治理如何处理组织动员与科层治理之间的张力。组织动员和科层治理的良性互动有利于促进国家治理体系和治理能力的现代化。

干部驻村机制的变迁分析为人们充分感知中国特色社会主义渐进性制度变迁中政府从上到下的精英驱动特色和优势提供了素材。当然，历史制度主义认为结构与行为的互动是制度变迁的重要分析维度。本书的局限性在于集中探讨干部驻村机制变迁中宏观的脉络分析，对于行动主体的驻村干部在制度变迁中所扮演的渗透者、寄生者和机会主义者等角色行为缺乏分析。这些问题尚待学界同人进一步对微观案例的长时段分析进行探讨。

第三节　干部驻村的典型案例

干部驻村机制是国家通过自上而下的科层组织动员体系，利用现代化的先进技术渗透机制，通过主导公共资源的流向与配置，实现对社会行为的干预，体现国家自主性与公共性。精准扶贫战略从中央到地方、从东部到西部的因地制宜实施很大程度上有赖于驻村干部这一支甘于吃苦、干事创业的党员队伍。

一、县委组织部关于干部驻村选派与管理的方法[②]

在脱贫攻坚战略实施过程中，HS 县各级驻村工作队聚焦脱贫攻坚主线，互比互促，积极作为，坚持"以户为基，以村为体，以人为本"，勠力同心，攻坚克难，驻村帮扶成效明显。基层组织建设方面，持续开展党支部标准化创建活动，HS 县行政村全部悬挂"党群服务中心"标识牌，建成党建广场 67 个；成立了两个易地扶贫搬迁安置小区联合党支部，确保 41 个搬迁村组织不散、活动不断，实现党的组织和党的工作全覆盖；基层党组织建设切实起到了密切党群关系、发挥政治功能、提升治理水平、助力脱贫攻坚的成效。产业项目方面，各级工作

① 穆军全．工具主义贫困治理的内在张力与反思：国家自主性的视角 [J]. 天津行政学院学报，2020(4)：12-20.

② 资料来源：参见《HS 县驻村帮扶专项工作情况汇报》（2018）。调研资料编号：20191226HS01。

队按照“村有主导产业、户有增收项目”的要求,在调研论证的基础上,积极帮扶村发展产业项目,两年多来,共投入各类帮扶资金 5 289 万余元,实施万元以上项目 327 个,实现了产业项目全覆盖。基础设施方面,围绕村容户貌实施“五洁净、六要六有”工程,使各贫困村的村容村貌发生了翻天覆地的变化。提升群众满意度方面,省、市、县三级帮扶单位主要领导、帮扶责任人以及驻村工作队积极入户对接、访贫问苦,仅 2018 年上半年就走访贫困群众 27 000 余次,为贫困群众解决实际困难 1 645 件,有效拉近了驻村工作队与贫困群众的距离,加强了同群众的血肉联系,贫困群众的认同感、获得感有了极大提升。

(一)夯实工作基础、配强帮扶力量

在省、市选派帮扶单位和工作队的基础上,HS 县采取“一帮多、多帮一”的方式和“硬抽人、抽硬人”的措施,从县直单位和垂直管理部门选派了帮扶工作队。同时,为进一步增强帮扶力量,优化队伍结构,HS 县委组织部又先后 14 次对建档立卡村的帮扶单位进行调整充实,确保做到选派精准,力量到位。HS 县共有建档立卡村 266 个,贫困村 173 个,有贫困人口非贫困村 93 个,建档立卡贫困户 18 011 户, 49 012 人。HS 县共有帮扶单位 194 个,选派驻村工作队 247 支,驻村干部 765 人,帮扶责任人 5 691 名。其中,省直单位 10 个,驻村工作队 24 支,驻村干部 73 人,帮扶 24 个贫困村; 市直单位 45 个,驻村工作队 123 支,帮扶 123 个贫困村,驻村干部 369 人; 县直单位 139 个,驻村工作队 100 支,帮扶 26 个贫困村和 74 个有贫困人口的非贫困村,驻村干部 323 人。实现了“村村有干部、户户见帮扶”,帮扶全覆盖。

(二)创新管理机制、出台积分办法

为加强对驻村工作队的管理,实现责任精准,任务精准,考评精准, HS 县出台了《HS 县脱贫攻坚驻村帮扶工作积分制管理办法》《积分制管理办法》,通过“积分”来衡量驻村帮扶成效,细化量化帮扶成果,上不封顶,下不设限,将帮扶单位、帮扶责任人、驻村工作队从队员选派、管理保障、责任落实、驻村情况、政策宣讲、产业发展等 36 项共性指标细化为 112 分综合考评。做到了有的放矢、靶向发力,充分激发干部驻村扶贫的积极性,构建起专心用心、倾力倾情的扶贫格局,保证了工作队员在所帮扶村住得下、能干事、干成事。

(三)严格管理制度,落实驻村在岗

为进一步强化对工作队的管理, HS 县连续下发了《关于进一步严格管理驻村工作队和第一书记的通知》《关于进一步加强对驻村工作队和第一书记日常管理的通知》《关于对驻村工作队分类管理的实施意见》《关于村级驻村“三支队伍”合力攻坚的意见》和《关于进一步加强驻村工作队、村“两委”主干及乡镇包村干部住村在岗的通知》等文件,严格实行“五天四夜”驻村工作制和请销假制度,确保每天都有工作队员驻村在岗,实现了联系服务群众全覆盖,强化了工作队日常管理、督查考核和激励问责等机制,对派驻工作不到位、包村责任不落实的县直单位在年度目标责任制考核中实行“一票否决”,实现了多级联动、统筹推进,为进一步形成攻坚合力,确保帮扶村如期脱贫摘帽夯实了基础。

(四)成立专项小组、加强督促检查

为进一步压实各帮扶单位工作责任,提升驻村帮扶成效,在 2017 年工作的基础上,2018

年HS县又成立了由县委常委、组织部长任组长的精准帮扶专项工作小组，统筹协调HS县驻村帮扶工作，针对驻村在岗、任务落实、档案资料、群众满意度等重、难点问题持续发力，2016到2018年的两年时间中，共开展专项督查工作10次，对帮扶责任落实不到位、督查不在岗、请销假制度执行不规范的帮扶单位和工作队下达整改提醒通知单25份，通报批评帮扶单位13个，驻村工作队16支，工作队员和第一书记120名，分级约谈单位负责人和工作队成员64人，召回帮扶单位1个，工作队员和第一书记3人，对帮扶责任落实不力的1名县直单位负责人免职处理，转交县纪委监委问责2人。同时，HS县还将各工作队帮扶工作情况作为县脱贫攻坚督查组专项督查内容，实行"红黑榜"公示制度。在政府广场醒目位置设立固定版面进行公示，优秀的上"红榜"，差的上"黑榜"，营造表扬先进、鞭策后进的浓厚氛围。截至2018年底，累计发布督查通报110期，红榜公示市县工作队71次、乡镇18次、部门16次；黑榜公示市县工作队16次、乡镇6次、部门10次、村3次。

（五）关心关爱干部、激发工作活力

一是积极组织培训。HS县两年多共组织各类政策宣讲会、培训会15次，参会的驻村工作队员和第一书记达10 000余人次。多次邀请省、市、县相关领导、山西农大教授、农牧业专家授课，通过培训学习，极大地提升了各级工作队员的工作能力，扩展了工作思路，有效推进帮扶工作的顺利开展。二是保证工作待遇。2017年以来，及时为县派工作队发放工作经费和生活补贴554.303万元，连续三年为868名驻村干部缴纳人身意外伤害保险26.04万元，为他们解决后顾之忧，使他们安心驻村。三是出台激励制度。出台了《激励干部在脱贫攻坚一线担当作为的实施办法》文件，对在脱贫攻坚工作中表现突出的优秀人才予以优先提拔使用。2018年以来，HS县共提拔重用参与扶贫工作的干部56名（其中帮扶干部38名），进一步激发驻村工作队员干事创业的热情和活力。四是表彰先进典型。对表现突出的工作队和第一书记积极进行表彰奖励，2018年"七一"期间，表彰脱贫攻坚先进工作队30个，脱贫攻坚优秀第一书记20人，优秀共产党员8名，2018年"七一"期间，我们又对脱贫攻坚中涌现的121个先进集体和200名优秀个人进行了表彰。五是加强推广宣传。从HS县770余名驻村干部的工作日志中精心筛选110余篇，汇编成册，编印了《攻坚路上——HS县干部驻村帮扶工作日志》一书，收集帮扶成效明显的驻村工作队和队员、第一书记的典型案例，编印《脱贫路上党旗红——HS县抓党建促脱贫工作纪实》一书，对HS县优秀的驻村工作队和帮扶干部的典型事迹进行强有力的宣传。

（六）加强血肉联系，开展"一户解一难"

为切实增强群众的获得感、提升群众满意度，创新工作方式方法，结合驻村帮扶"六大行动"工作要求，在HS县开展"一户解一难"结对结亲活动，督促各级帮扶单位、帮扶责任人、驻村工作队、第一书记、乡镇干部和农村"两委"干部全部沉入基层一线，开展走访慰问。通过对HS县266个建档立卡村的所有贫困户和非贫困户解决1~2件日常生产生活中的实际困难，切实增强群众获得感，提升群众认可度和满意度。如省煤炭交易中心驻SY镇HDQ村工作队和BLT村工作队积极争取扶贫资金120万元和单位帮扶资金159万元。组织帮扶村党员干部北上娄烦、内蒙古，东进邢台，南下泽州学习种养殖技术。在两村分别实施旱鸭养殖项目、百亩核桃林，套种中药材园区项目和肉兔养殖项目，目前旱鸭已出栏5批

6 万余只,肉兔出栏 600 只,合计增收 12.4 万余元,实现了贫困群众稳定增收。HS 县交警大队驻 HL 镇 KZ 村工作队在帮扶村实施双孢菇种植、蔬菜大棚种植、养牛、扶贫造林合作社四个支柱产业的基础上,创新帮扶方式,积极协调社会力量,筹集帮扶资金 2.7 万元。开办“警民爱心超市”,成立了由包村干部、驻村工作队和村两委组成的监督管理委员会和评分考核组,采取“半月一检查、一月一评比”进行考核评分,通过以表现换积分、以积分换物品的方式,极大地提升了群众对村级事务的关注度和参与度。截至 2018 年底,已开展评选 14 次,评选出“最美家庭”20 户,“产业带头人”12 名,发放物资 1 万余元,极大地提升了贫困群众脱贫致富的主动性、积极性。

二、驻村工作队的典型做法①

按照 HS 县委的安排,2016 年 12 月,HS 县县委办、县农委帮扶 MF 乡 B 村。工作队员和第一书记驻村后,发现 B 村村民懒散、环境杂乱、通信不畅、产业传统单一,被乡里称为基础条件最差的村庄。针对 B 村的现状和存在的实际问题,第一书记与工作队的同志们没有被困难吓到,他们细心调研、科学论证,确立了以党建为引领“扶贫先扶志、治贫先治愚”的原则,多轮驱动齐抓共管,使 B 村 2017 年实现了稳定脱贫。他们的主要做法有以下几点。

(一)抓党建,重引领,强化组织建设

入村后,驻村工作队先从基层组织建设入手,对于进一步加强和改进农村基层组织、巩固党在农村的执政基础和群众基础、维护农村和谐稳定、引领脱贫致富具有十分重要的意义。为此,驻村工作队的同志一方面抓住一切机会利用不同形式给党员们讲党课、搞培训,提高党员素质;另一方面鉴于支部成员年龄老化,积极考察发展入党积极分子。5 名青年写了入党申请书,其中 2 名发展为预备党员,适时补充“新鲜血液”。同时,以村支“两委”换届为契机,进一步加强基层组织建设,配强“两委”班子。重点动员外出务工且有能力创业的年轻人返乡担任村支“两委”班子成员,充分发挥党支部在引领脱贫攻坚中的战斗堡垒作用和党员的先锋模范作用,带领全体村民脱贫致富。同时,选举产生新一届支部班子,在县城打拼创业有成绩的 CJB 担任支部副书记,在 YC 市跑运输眼界宽、见识广的年轻党员 MWB 当选支部委员;长期在村务农、群众基础好、有威信的 FCL 当选村委副主任,村支两委班子实现了配齐配强。三是积极塑造典型。在扶贫攻坚的实践中,工作组善于发现和挖掘典型事例,用身边事教育带动身边人,发挥典型示范作用,使先进事迹成为可复制可推广的标杆。在购买黑木耳菌种时,由于资金短缺,不能及时购回菌种,党员 MCB、FRW 主动到信用社每人贷款 5 万元,垫资到东北吉林购买菌种,有力地促进了食用菌种植项目的稳步推进。

(二)抓产业,立足资源禀赋,推动特色产业发展

工作队在考察调研的基础上,集合 B 村实际,因地制宜做规划、选产业、定项目,指导全村特色农业的发展。一是规范健康养殖。根据 B 村山大坡广、水草丰盛并有传统养牛习惯的特点,工作队科学规范养牛产业的健康发展。在聘请畜牧养殖专家对养殖户培训的基础上积极争取资金 31.85 万元,维修改建已运行 8 年多的养牛园区,将原有的单列式圈舍改建为双列式圈舍,惠及养牛户 14 户,实现标准化养殖,实现了提质增效,保证该产业健康稳定

① 资料来源:参见《HS 县脱贫攻坚百个典型案例材料》。调研资料编号:20191228HS09。

发展。2017 年养殖户户均出栏 4 头，增收 48 万元，户均增收 3.4 万元。同时，当年自繁新增小牛 60 余头，牛存栏达 148 头。另外，针对 B 村在村人口年老体弱的特点，工作队争取资金 9.6 万元，为 36 户村民新建鸡舍 180 ㎡，购进 1 800 只鸡苗，发展家庭经济，激发贫困户以及在村老人的内生动力，全部参与到脱贫攻坚中来。二是因地制宜抓特色产业基地建设。在基地建设中，充分发挥大户带动作用，走“公司或合作社加基地加农户”之路，实现连片开发和多元化发展。集中连片种植板蓝根 226.2 亩（1 亩 ≈666.67 m^2）。根据群众愿意，在工作队的帮助下种植中北 410 青贮玉米 22 亩、籽粒苋 5 亩，保证养殖饲草需求；种植中药材党参 25 亩、富硒黑小米 7 亩、富硒藜麦 50 亩；种植优质有机荞麦 50 亩。同时，工作队积极寻求产业高效、覆盖面广，规避风险的发展模式，在工作组帮助下注册了“HS 县新北金农业种植专业合作社”，以合作社为龙头试种了 40 000 棒优质无筋黑木耳。仅此一项，贫困户当年户均红利 500 元，上交村集体 10 000 元。基地打工的贫困户人均增收 1 000 余元。为此，2017 年底 B 村人均收入 3 800 余元，实现了全村人均收入高于国定和省定标准。

（三）抓机遇，重实效，用足用活政策

着力抓好扶贫政策的落实，用好扶贫资金，确保项目安排和资金使用公开透明，把每一分钱都用在“刀刃上”。这是工作组的又一项中心工作。一是落实惠农政策。B 村驻村工作组通过学习和研究政策，进一步加大扶贫政策的宣传力度，协助群众用足用好教育扶贫、民政帮扶、残联帮扶、易地搬迁、退耕还林等各项扶贫政策。重点结合《HS 县 2017 年特色农业产业扶贫实施办法》文件，宣传发动村民积极调整产业结构，实施特色种植。二是实施退耕还林。B 村地多坡广，宜实施退耕还林。作为整村脱贫的一项主渠道，2017 年退耕还林 210 亩，全村 32 户贫困户全部涉及；仅此，户均年生态补偿近 2 300 余元；同时，为了保证退耕户的近期效益，工作组又帮助退耕还林户购回中药材黄芩种子，进行林下种植，实现长中短期的效益结合。预计，受益后亩可增收 3 000 余元。三是实施金融扶贫。充分利用金融部门“无抵押、无担保为每户贫困户贷款 5 万元”的政策，积极协调信用联社进行调查摸底，随后将资金整合利用，并与当地民营企业新马杂粮签约，让贫困户收取贷款利息受益。截至目前，有 MYZ、LNL 等四户享受贷资入企政策，每户每年收取企业利息 2 500 元；ZJL、JYL 等 6 户享受小额贷款政策，每户贷款 5 万元用于扩大养牛等产业的发展。四是做好兜底保障。工作队入村后全力沟通民政、残联等部门，做好兜底保障工作。目前，已协助本村 6 户 7 人办理了低保，并为 5 户 5 人办理残疾人产业扶贫资助项目。

（四）抓规划，重整洁，改善村容村貌

农村基础设施是农村经济发展的重要物质基础。入村以来，工作队与第一书记不厌其烦，积极与 MF 乡政府、县各职能部门沟通协调，申报并推进基础设施项目的落地实施，投资 23 万元对农村低压线路改造及变压器增容；投资 3.2 万元配置磨坊设备；投资 12 万元建设了两座生产便桥；投资 50 万元进行了村容村貌改善提质；投资 17 万元保障了人畜饮水安全；同时，工作队与县移动公司多次协调沟通，为 B 村新建安装通信塔一座，解决村民通信困难问题；与县农委、新农办协调，为 B 村安装太阳能路灯 16 盏，方便村民夜间出行；与县交通局协调，在村口新建候车厅一处，方便群众出行。

（五）抓弱势、重民生、精准帮扶救助

入村以来，第一书记和工作队的同志们想群众所想，急群众所急。协助全体建档立卡贫困户，最大限度地享受国家、省、市、县惠民政策。针对部分弱势群体，实施精准帮扶救助。在与MF乡政府沟通协调的基础上，并向县残联申请救助，为智障残疾人CYQ新建住房一处，彻底解除原有住房土窑洞的安全隐患。癌症患者LYY在县里组织实施健康扶贫“两癌”筛查过程中，查出患有乳腺癌，在县人民医院治疗，后由工作组协助到合医办、县医院、民政局办理医疗报销，并到县老龄委为其申请500元临时救助。多病患者ZGM患心脏病、糖尿病、淋巴结核等多种疾病，不能从事体力劳动，长期以来，依靠药物维持，家庭困难，工作队协助其申报办理最低生活保障，同时协助该户销售土豆8 000余斤，收入4 000余元。积极与县残联协调，协助智残患者MYZ、肢残偏瘫老人LE、残疾人LZL等申请办理了残疾证。同时，对2014年脱贫的5户17口人、2015年脱贫的6户17口人继续给予关注和帮扶，巩固成果，保证不返贫。另外未识别进入建档立卡贫困户的14户28口人，因为其绝大多数不在村居住，要和贫困户一样落实专人联系帮扶，保证脱贫“不漏一户、不落一人”。

三、驻村干部心得体会①

“2016年12月底，遵照市委、市政府的统一要求和市公安局的安排，我来到SY镇FY村担任驻村第一书记，开展驻村帮扶工作，至今已有两年多的时间。在这期间既有工作的苦和累，也有收获的幸福和满足。不仅丰富了自己的人生经历，工作能力得到了锻炼和提高，也完成了既定的扶贫任务。回首这两年的扶贫历程，我有着颇多感悟。

（一）带着真情走村入户，和老百姓以心换心

扶贫工作任务艰巨，从被选派为驻村第一书记起，我就感到肩上的责任巨大。虽已年届知天命之年，但扶贫工作怎么做，对于我来说是一头雾水，不知所措。怀着忐忑不安之心走进了FY村，这个村山高路远，居住分散，由四个自然村组成，人口多，地亩少，帮扶工作不好开展。做了20多年的公安工作，我身上自然带着一份职业习惯，我必须彻底放弃以前的这些职业习惯，如说话的语气与方式，转变工作作风，用一颗爱民敬民的心与普通百姓交朋友，融入他们的生活，掌握村情民情。

我每天早早起来逐家逐户走访，开展调查研究。在街头巷尾，在田间地头，村民们没有华丽的辞藻，没有虚伪的表情，他们脸上带着真诚的微笑。我一户户走访，一户户宣传。把国家的扶贫政策送到每家每户，同时也用心聆听他们的心声，他们的困难，他们的需求。

山村的百姓依然按照日出而作、日落而息的传统习惯生活着，为此入户走访的时间就不能仍按照机关的作息时间。如在夏天，村民们早上五点多起来做饭，六点多就吃完饭下地了。我就在五点多起来，逐个村走访入户，这样入的户多，提高了工作效率。人心换人心，八两换半斤，入户的次数多了，和村民们都熟悉了，他们就愿意和我交朋友、说实话，互动交流的机会多了，增加了彼此的信任度，为有效开展扶贫工作奠定了良好的基础。

① 资料来源：参见《JZ市公安局驻HS县SY镇FY村脱贫攻坚工作心得感悟》。调研资料编号：20191228HS10。

（二）带着真情为民办事，为脱贫致富创造条件

驻村以来，我认真学习扶贫政策，按照户脱贫村推出的各项指标，与村支两委密切配合，为FY村脱贫致富努力工作。

FY村是典型的山村，人多地少，石多土少，村子前面的土地是村里比较开阔和平整的好地。村前有一条排水渠，在雨季时能将山上下来的水排到沟里。但由于村里总体经济薄弱，这条渠一直没有能用石头水泥砌出来。一遇到大雨，山水就会冲毁渠堰，流到耕地里，将大量耕地冲毁。我们在掌握情况后立即筹集资金3万元买来水泥沙子，雇佣机械和人工修起了一条150 m长的排水渠，解决了水患问题。

还有三公里的入村道路，十多年前就用水泥硬化了，但是由于路面只有3.5 m宽，两辆车相遇都错不开车。尤其是近年，村里外出打工的人多，买的车也多了，路面又有些损坏，原来的入村道路已满足不了需求，我们和村支两委从县里积极争取投资200多万元，将路面拓宽至4.5 m，重新打了水泥路面，又将公交车通进了村里，FY村民的出行问题迎刃而解。

村里的饮用水管已使用了近30年，多处出现漏水、渗水现象，还时不时就没水了，群众意见很大。我们和村支两委积极申报饮水工程提质项目并争取46万元，重新建起一个储水窖，并铺设两公里的引水管，让家家户户用上自来水。

核桃经济林是FY村的特色产业，是村民主要经济来源之一。2018年春季，因一场雪冻灾害，将核桃经济林刚刚发芽的枝条冻死冻伤，严重影响了核桃的产量。我们和村支两委积极向林业部门争取20余万元，修建了220余座放烟窑，为将来预防冻霜冻灾害、保护核桃经济林特色产业奠定基础。

（三）带着真情积极开展暖心工程，提升满意度

扶贫是一项繁杂而艰巨的任务，群众的获得感和满意度是衡量我们工作的重要标准。为了提升群众的获得感和满意度，我们要为每一户村民服好务，为此我们也不遗余力地为每一户贫困户有针对性制订脱贫计划，一户一策，将适应每家的扶贫政策落到实处。一是积极因户施策，有劳动力的村户要发展种植业、养殖业，或是外出务工增加经济收入；无劳动力的村户要积极申报低保五保，做到应保尽保，有病的住院报销到位，防止因病致贫，因病返贫。为缺资金的村户申报小额贷款，享受5万元三年无抵押无担保的金融扶贫政策。二是积极为村民美化居住环境。根据市委、市政府开展的“五洁净，六要六有”活动，我们和村支两委筹集资金为村民购买油漆、涂料、空心砖、石棉瓦，动员各家各户油漆门窗，改建围墙大门和厕所，对没有劳动力的家庭派人帮忙修建，工作队也帮老弱病残家庭油漆门窗。三是逢年过节开展慰问活动，做到全覆盖。春节时，我们筹资2万元，为全村村民每户发放一袋白面，不论是贫困户还是非贫困户，不论是在村居住还是不在村居住，一视同仁。中秋节时，市公安局为全村农户每户发放一袋大米、一袋白面、一盒月饼、一壶油，老百姓非常高兴地说，从来没有在八月十五领过慰问品，你们做到了，我们很高兴。四是筹资8万余元将新建的村级活动中心场院进行了硬化，并修建了围墙大门，村民的车也有地方停了，也有了个像样的办事场地，我们两年来的努力终于赢得了老百姓的认可。FY村在12月开展的省级第三方评估中，顺利通过考核验收。

扶贫工作任重而道远,我们虽然取得了一定的成绩,但是离上级的要求和人民群众的需求还有很大的差距,还有很多工作等着我们去做。百尺竿头更进一步,我将砥砺前行,继续奋进,为将FY村变得富裕而努力奋斗!”

第四章 项目下乡：贫困治理的财力支撑

乡村建设关乎国家建设，乡村治理有效背后的根本问题是有效的国家治理何以可能的问题。精准扶贫作为一种特定的贫困治理方式，它不仅仅是特定国家政策运行过程中不同主体间利益博弈的过程，而且是国家通过政策落实提升自主性，实现国家利益、彰显国家公共性的过程。在国家自主性研究视域下，公共扶贫资源的合理有效投放、分配正义问题主要追问的是在何种程度上国家是一个自主性的实体，能够把自己的政策偏好上升为权威行动，精准落实于社会的基层政治过程。脱贫攻坚战略实施进程中，从中央到地方的各级政府和扶贫办等相关职能部门运用项目制手段，构建客观公正的扶贫项目评估考核系统，极大地提升了精准扶贫政策执行的有效性。项目制作为一种自上而下的公共资源配置方式从20世纪90年代中期分税制以来逐步推广，最终溢出财政领域，成为国家治理和贯彻落实中央政策的一种重要机制①。"项目"和"专项"都体现着国家的决策意图，能够最大限度保障专款专用。项目制具备明确的专项目标、清晰的预算结构、严格的过程管理和审计监督，能在更大程度上确保资源投放的高效和精准。在脱贫攻坚战略实施中项目下乡发挥了重要作用。

第一节 项目制的整体审视

一、项目制的内涵

理解"项目制"的含义，首先要厘清作为其核心要素的"项目"的基本含义。从国际层面，"项目"原本属于管理学范畴，美国项目管理学会（PMI）作为权威的项目管理机构将"项目"定义为一种"临时性工作"，用于"创造独特的产品、服务或成果"②。这与我国传统意义上的"项目"，即为了完成一个特定的目标，在规定的时间和有限的资源下临时成立的组织团队，这种组织团队随着特定目标的出现而成立，目标达成后就解散，遵循事本主义逻辑的特点是一致的。项目制是指政府运作的一种特定形式，即在财政体制的常规分配渠道和规模之外，按照中央政府意图，自上而下以专项资金方式进行资源配置的制度安排③。项目制虽然具有临时组织性和目的性，但"项目"或"专项"形成的步骤和环节是联动运作的新型机制。项目之间的"条线"型运作使得国家既能保证财政集权，又能保证地方治理的有效性。

折晓叶等人首次将"项目制"作为研究客体，将其定义为："中央对地方或地方对基层的

---

① 周雪光．项目制：一个"控制权"理论视角 [J]. 开放时代，2015(2):82-102.

② 项目管理协会．项目管理知识体系指南 [M].（第5版）许江林，等，译．北京：电子工业出版社，2013.

③ 蒋永甫，龚丽华，疏春晓．产业扶贫：在政府行为与市场逻辑之间 [J]. 贵州社会科学，2018(2):148-154.

财政转移支付的一种运作和管理方式”[①]。这种方式是不同于传统行政层级体制治理方式的灵活处理机制。随后，周飞舟从“预算国家论”的视角，在对专项资金管理分配实际案例的分析过程中，提出了现今各个地方政府治理行为的主要模式——“项目治理”[②]。与此同时，渠敬东强调项目制兼具了事本主义的“临时组织性”和一系列环节流程的联动运行。以此为基础，渠敬东认为项目制是新双轨制的增量部分，超过了传统科层制的局限，国家治理机制逐渐从“单位制”向“项目制”转化[③]。这些成果实现了“项目制”的经验发现，使其从实践领域进入了社会科学领域。

项目制的运作方式体现了市场经济的效率理念，它能兼顾实现有效的公共产品供给和民生领域的公平公正，实现有效治理。既能够代表国家意志又不失竞争性，这里的竞争性表现为自下而上的市场化竞争。项目制具有较好的“自我生长和扩张”的能力，既能自上而下地解决中央到地方的动员问题，也自下而上地提供利益诉求表达的渠道，展现出一种强大的生命力。项目制反映了政府治理和中国社会发展的变迁的内在运行规律，其影响范围及影响程度会不断提升。

二、项目制的形成

我国的国家预算由地方和部门两个部分的预算构成，各级地方政府有其本级的预算。自1959年起，我国实行以“统收统支”为主要特点的高度集中的财政管理体制。在这样的体制下，地方财政扮演着“执行者”的角色，只是中央财政的延伸。具体表现为：地方政府必须遵循中央政府制定的各项财税政策；绝大多数财政收入上交国库；地方进行固定资产投资、技术更新改造或城乡基础设施建设所需要用到的资金，均需要上报并在国家计划范围内等待专款审批。

在计划经济时代，国家先后于1958年和1970年两次下放部分财权，但均未在机制和观念上解决财政管理体制僵化的问题，出现了“分散主义”。1978年，改革开放后实行的“让利放权”“财政包干”的政策在我国20世纪80年代财政不富裕的国情下，打破了计划体制，在一定程度上提高了地方财政的自主性和政府过程的活力。但以“包”为核心的财政制度在发展过程中的弊端也逐渐暴露出来：“中央——地方财政包干制度”是非标准化的制度，这助长了地方的保护主义，使得地方常与中央讨价还价，影响了统一市场的形成，弱化了政府的宏观调控能力。20世纪80年代开启的国家定购与市场议购、国家价格与市场价格并行“双轨制”改革，在扩大了“自由流动资源”与“自由活动空间”[④]、促进地方市场开放的同时，也形成一个模糊地带，使得寻租活动盛行，从而导致经济运行出现问题。

基于该背景，我国在充分借鉴国际经验的基础上实施了分税制改革，于1992年在天津市、辽宁省、浙江省等地开展“分税包干制”试点，于1994年正式在全国推广实施分税制改革。主要内容是：依照中央地方的事权分工，合理划分中央和地方的税权，重新划分了中央、

① 折晓叶，陈婴婴．项目制的分级运作机制和治理逻辑：对“项目进村”案例的社会学分析[J]．中国社会科学，2011(4):126-148.

② 周飞舟．财政资金的专项化及其问题兼论“项目治国”[J]．社会，2012,32(1):1-37.

③ 渠敬东．项目制：一种新的国家治理体制[J]．中国社会科学，2012(5):113-130.

④ 孙立平．“自由流动资源”与“自由活动空间”：论改革过程中中国社会结构的变迁[J]．探索，1993(1):64-68.

地方的固定收入和共享收入，核定支出基数、合理确定各项数额的分布。分税制改革扩大了地方固定收入的范围，有利于地方政府提高资源利用率和经济效益，同时也分别增加了地方和中央的收入。1994 年实行的分税制改革逐步规范了中央与地方财政关系，从而提升了国家税收、宏观调控和总体治理的能力。2006 年，我国取消了农业税，税费改革使得国家与基层农民的关系从“汲取”转变为了“给予”，我国的治理角色发生了转变。从此，项目制开始成为国家向基层和农民输送财政资金和资源的重要方式。回顾改革开放 40 多年来，伴随专项资金规模的不断扩大，社会公共服务和社会建设资源越来越表现出“专项”化和“项目”化①，项目制的影响力日益扩大。项目制是近十多年来国家社会治理过程中的新现象，其影响力从经济领域溢出到国家治理和政府运行的领域，逐渐转变为国家治理的基本方式。

渠敬东从我国 40 年改革的实践经验出发，认为我国改革所遵循的是“双轨制”逻辑，即“在一定程度上守持体制存量的情况下，培育和发展原有体制之外的增量，再通过增量的积累而形成结构性的变迁动力，促发原有体制的应激性反应，从而实现社会结构逐步转型，即‘保护存量、培育增量’的原则”②。保护存量是为了遏制增量过快上升，但又通过增量扩张促进存量循序渐进的发展变化，从而避免了系统风险的发生和结构突然变化而造成的社会动荡。

项目制所体现出“新双轨”运行逻辑的确立过程，经历了传统行政体制的单位制，到提高效率的市场制再到当前项目制的过程。1980 年改革将单位制及其基础的总体部分作为稳定整体结构的存量部分，将“承包制”“包干制”作为增量机制，松动以单位制为代表的科层制体制的瓶颈，促进资源的流动，改变了中央与地方之间的关系，这种二元论制度为市场经济体制奠定了基础。20 世纪 90 年代的市场体制明确了制度上产权关系、劳资关系等问题，乡镇和国企都大范围实行“企业转制”、相关法律法规也相继出台，这是市场制确立过程中增量要求得到存量地位的表现。使得市场获得正式体制的身份，虽并非取消单位制，但大大削减了其影响范围和作用能力。市场制提高了效率和发展绩效，但在推动经济发展的同时又引发了新的社会问题②。面对这种由全面市场化而导致的结构矛盾，项目制作为新的增量逻辑，以分税制为财政体制的基础，形成一系列新的逻辑：将市场体制和单位制都作为存量，将自身作为“新双轨制”的增量部分，来强化国家再分配以维护社会公平；通过财政专项支付转移，尽可能将公共事业扩展到社会的各个领域，以普惠公共服务和促进区域平衡发展为目的。

总之，项目制是自改革开放以来，我国多次推行的围绕捋顺“央地关系”和“条块关系”为核心、以“放权”和“收权”为具体体现的行政体制改革的创新性产物。项目制运行的基础是国家公共预算体制，项目制形成是我国政府由全能型模式向服务型模式成功转型的重要标志③。

---

① 渠敬东，周飞舟，应星．从总体支配到技术治理：基于中国 30 年改革经验的社会学分析 [J]. 中国社会科学，2009(6):104-127.

② 渠敬东．项目制：一种新的国家治理体制 [J]. 中国社会科学，2012(5):113-130.

③ 焦长权．从分税制到项目制：制度演进和组织机制 [J]. 社会，2019,39(6):121-148.

三、项目制的运行逻辑

项目制在运作过程中展现出明显的分级模式,具体表现为国家部门发包、地方政府打包以及基层抓包的机制,每一方的行动策略和逻辑都有复杂的过程和结果,而项目制作为新旧体制的重要衔接机制,为分级治理搭建了合适的制度平台。项目制体现着我国财政转移支付"专项化"、治理目标"项目化"的演变过程,还体现了我国央地关系"多予、少取、放活"的新变化①。

项目制是一种独特的部门运作方式,有中央、地方政府和基层三个行动主体项目,不仅仅是专项资金,其背后蕴含着的政策意向连接着三个行动主体的利益和行动逻辑。因此这并非真正意义上的分权,而是在央地分权的行政改革和市场化改革并存下的分级治理模式,即上级对地方在某些特定领域或公共事务上进行非科层的竞争性授权而非行政指令性授权②,使"自下而上"的市场竞争机制与"自上而下"的分权原则相配合,在不突破中央集权的前提下,走一条区别于"条线"运作的新型国家治理模式。

(一)提升国家自主性是项目制运作的最终价值目标

国家是构建人民日常生活秩序的绝对主体,它的权威运行和客观存在制定了塑造着民众日常生活细节的绝大多数游戏规则。尤其是当下,国家力量前所未有地深入人心,以至于人们很难想象如果没有国家,自己的生活会变成什么样。在中国,绝大多数民众信奉集体主义,强调少数服从多数,个人服从集体。人们自然而然能接受一个拥有强大的汲取、渗透、规制和再分配能力的国家。国家自主性程度的高低,直接影响国家处理各种公共事务的能力以及公共利益的实现,影响着国家最大多数人的利益。因此,国家自主性的提升在中国具有天然的正当性和合法性。而项目制的实施则是现代国家提升自主性的主要手段之一。在国家自主性研究视域下,项目制的合理运行能够保证公共财政资源合理有效投放,能够把国家本身的政策偏好上升为权威行动,精准落实于社会的基层政治过程。

公共财政资源项目化运作和分配能在一定程度上改善僵化的官僚体制各就其位、按部就班的常规机制,通过自上而下的项目资源竞争、运行和监督调动地方注意力,动员基层政府积极完成某一特定的国家任务。从国家自主性的理论视域来看,国家通过项目制这种资源再分配方式保证中央意图在基层能够准确落实,而不是被分化和偏移。中央想要将"抽取"来的财政资金"反哺"回基层社会,调和基层矛盾和由于社会发展过程中形成的社会分化,就要通过项目制的专项转移支付使得财政基金向公共服务项目倾斜,这也是项目制运行的最基本财政盘子③。总之,项目制改革的最终目标是提升国家的自主性,强化国家公共财政资源分配的正义性,提升公共福祉。

(二)事本主义是项目制运行的首要原则

"事本主义逻辑主张就事论事,不触碰既有体制,只是触及行政体制的工具性层面,即

① 折晓叶,陈婴婴.项目制的分级运作机制和治理逻辑:对"项目进村"案例的社会学分析[J].中国社会科学,2011(4):126-148.

② 祝灵君.授权与治理:乡(镇)政治过程与政治秩序[M].北京:中国社会科学出版社,2008:46-50.

③ 周飞舟.财政资金的专项化及其问题兼论"项目治国"[J].社会,2012,32(1):1-37.

依靠行政体制按照既有规范完成项目任务，而并没有改变行政体制中的权力运行机制。”① 事本主义是项目制运作过程遵循的基本原则。项目制形成的初衷是政府的公共预算部门遵循“办事支出，以事务为中心”的原则，按照年度项目申请、项目竞争、项目评审、项目管理、项目考核的程序开展线性工作，实现政府预期的管理和服务目标。项目制的事本主义逻辑要求参与项目申报、审批和监管等各个环节的管理主体都必须严格遵守项目本身的目标管理，以能否最大程度实现项目预定目标为标准来取舍项目实施进程中的各种例外情况。在这种工具理性逻辑的影响下，项目制的实施主体主观上认为，只要能保证项目保质保量完成，项目运行过程中出现的有可能影响政府上下级之间、政府内部各个部门之间、政府和民众之间关系的问题并非项目制运行本身考虑的首要问题。

（三）政府“条块”关系贯穿项目运行的全过程

条块关系是我国政府组织的重要特色，党的十八大以来我国优化条块关系，推出的一系列条块统合实践，也构成了推进中国特色社会主义现代化发展举措的重要部分。项目制运行所形成的“发包”“打包”和“抓包”相衔接的机制②，分别体现为国家职能部门、地方政府和底层乡镇（村庄）等各级政府（块块）和政府部门（条条）围绕项目实施形成的组织化行为。项目制运行中充满了多种复杂的“条条”与“块块”的合作与冲突。项目制中的“发包”机制是国家将整体的财税资源进行“条条”的分配，以实现国家预期的助推社会发展目标。“发包”的初衷是通过项目制国家增强对地方的控制和管理。而“打包”机制是地方政府为了应对地方治理难题，体现其治理权威，完成中央对地方治理的考核，把中央职能部门（条条）下放的项目资源重新做成“块块”，按照地方的逻辑因地制宜进行财税资源分配。“抓包”机制则是基层乡镇或村庄为了实现自身发展，解决村庄公共建设中的资金短缺难题，通过竞争的方式获取国家资源的过程。

项目制下国家财税资源从中央到地方分配的过程中，基本上遵循严格的科层管理逻辑。项目的发包、打包、抓包基本上要走完从中央到地方的多个行政层级。中央进行项目发包后，竞争和承接项目的地方每一级“块块”不是单纯的项目资金传递者，而是试图通过项目的进一步打包来实现自身的管理目标。在此过程中，中央的“条条”与地方的“块块”会不断地进行各种利益博弈。从地方的视角来看，中央专项项目资金是构成其财政收入来源的重要组成部分。通过项目制的申报、审核批复等硬性程序执行，“条条”的权力加大，而地方的“块块”感觉实权被上收或者分割，影响其职能的完整发挥。从中央的视角来看，地方“块块”总是利用地方所掌握的组织关系和人事权力，以地方需求为理由，干扰中央项目的精确化、理性化运行。总之，项目制运行中特定项目所需要穿越的行政层级越多，其所面临的条块矛盾和被碎片化分割的风险越大。

总之，项目制研究还存在一定局限性，如项目制研究与政府整体运作机制的抽离而导致对项目制认识的“碎片化”。关注项目制在具体领域的实践情况是学界关注的热点问题，这些研究多以具体案例为研究对象，更加聚焦在项目制的实践结果，即“末端”，而不是项目制

---

① 李祖佩．项目制的基层解构及其研究拓展：基于某县涉农项目运作的实证分析 [J]. 开放时代，2015(2)：123-142.

② 折晓叶，陈婴婴．项目制的分级运作机制和治理逻辑：对“项目进村”案例的社会学分析 [J]. 中国社会科学，2011(4)：126-148.

运作的分配组织过程或政府内部的运作机制,这样就会导致项目制与政府的分离,出现“就项目论项目”的趋势。学术研究多集中于基层政府抓包的相关策略和结果,但对于中央发包和地方政府的打包过程,没有详细系统的分析,这些部分的留白也反映了研究有待进一步深化发展。同时,对项目制实践“末端”丰富的个案研究也会造成认识的碎片化,缺乏一个对项目制的全局性把握。精准扶贫中扶贫项目运作过程的系统化研究或许可以为项目制研究提供一个分清脉络、厘清思路的契机。

第二节　贫困治理中的政府项目制运作

我国治理能力现代化的发展要求提升治理精度,而项目制精准化、规范化的特点也使其被广泛运用于国家的各项治理领域中①。2015 年召开的中央扶贫工作会议出台了《中共中央 国务院关于打赢脱贫攻坚战的决定》,确立了我国精准扶贫的原则,强调:“扶贫开发贵在精准、重在精准,必须解决好扶持谁、谁来扶、怎么扶的问题。”扶贫想要“精准”,要解决两个问题:“找得准”和“给得准”。“找得准”聚焦在如何筛选出真正的贫困户,而“给得准”就是通过项目制对财政资源进行精准的输送和分配②。

一、贫困治理中项目制的运行过程

项目制并不局限是一种体制,而更是一个能促进体制高效运作的机制,一种关于如何决策和行动的思维模式。在项目制运行过程中,县级政府发挥着重要的枢纽作用。为了顺利完成脱贫攻坚的各项战略任务,中央、省、市各级政府会以专项转移支付的形式向县级政府提供大量项目支持。县级政府以委托人的角色向乡镇和村庄“发包”,将精准扶贫的项目资金和任务统筹分配、细化分解、督促落实。扶贫项目的抓取、扶贫专项资金的分配会极大地助力脱贫攻坚战略在县级以下地区的落实,促进县域经济社会发展,提升县域治理能力和治理体系的现代化水平。

(一)项目下乡:扶贫项目与乡镇扶贫主体

对于一些国家级贫困县的乡镇来说,资源贫乏是常态。获取国家从上到下分配下来的专项转移支付资源是提升乡镇财力的重要途径,是乡镇保质保量完成脱贫任务的重要保证,是乡镇领导政绩考核的重要指标。项目制在乡镇脱贫攻坚过程的运行主要体现为乡镇围绕扶贫专项项目展开的竞争、扶贫项目资源的分配以及配合县级以上政府对于扶贫项目的审核和验收。为了对上很好完成县级政府交办的扶贫任务,在扶贫考核中获得较好成绩,对下充分地动员各个村庄服从乡镇的管理,扎牢乡镇治理的社会根基,乡镇政府会尽最大的努力积极争取扶贫项目,把争取项目作为乡镇工作的重点工作。

中央关于扶贫的专项转移支付项目在资金的预算和决算方面有相对严格的要求,县、乡政府必须按照规定的用途来进行项目资金的使用。因此,为推进项目制理性化运行,乡镇政府会把好“三关”:一是把好项目申报关;二是把好项目质量关;三是把好项目验收关。在脱

① 王雨磊.项目入户:农村精准扶贫中项目制运作新趋向[J].行政论坛,2018,25(5):45-53.

② 王雨磊.数字下乡:农村精准扶贫中的技术治理[J].社会学研究,2016(6):119-142.

贫攻坚战略实施过程中，为确保扶贫项目资金使用的阳光透明，山西省HS县出台《脱贫攻坚财政专项扶贫资金项目建设管理实施办法》，从项目的申报、审批、实施、验收、绩效评估进行了全方位改革，明确脱贫攻坚项目的申报主体是各乡镇人民政府，县政府不接受任何企业单位的项目申报，把好项目的入口关；同时聘请第三方对所有扶贫项目进行了绩效评估，强化了带贫减贫机制和扶贫资金的安全使用。

以下是作者实地调研时得知的HS县WM乡2017年扶贫项目实施运作的情况[①]。

首先，政策落实方面。2017年度光伏产业扶贫，帮扶深度贫困户，涉及5个村203户，补偿资金目前已全部发放到位。生态扶贫提高群众收入，700亩退耕还林全部落实到户；32个村的核桃树低产林改造工作已于11月份全部完工。全镇适龄儿童入园率100%，义务教育阶段无因贫辍学学生，所有在校学生均按照规定享受两免一补政策、雨露计划、扶贫助学金等政策。全镇212户因病致贫贫困户全部享受健康扶贫“双签约”服务。全镇享受低保共1 230户1 752人、五保157人，社会兜底人口覆盖率超过18%，实现了应保尽保。居民养老保险、医疗保险参保率全部达到100%。所有一二级残疾人全部享受重度残疾人护理补贴。全镇共有12个村享受易地扶贫搬迁政策，共491户，1 349口人。集中安置于县城附近的Y村，目前搬迁入住率达到了95%。解决群众搬迁后生产生活问题的后续产业食用菌大棚已经全部投产运营。

其次，扶贫项目发展方面。今年，全镇分三批申报实施扶贫项目88个，总投资6 860万元，申请扶贫资金5 101万元，自筹1 759万元。其中基础设施类项目53个，重点解决群众饮水安全、道路交通、卫生室建设、文化广场、护村护地坝建设、农机具配置、环境改善等问题，使群众的生活生产环境有了巨大的改观，更加方便、美丽、宜居，为新兴旅游、文化产业发展奠定了坚实的基础。实施农业产业项目18个，经济林种植面积达23 000余亩，挂果率70%。青饲玉米、高粱等特色产业发展不断壮大，全镇人均增收300元。实施食用菌、设施蔬菜、露地蔬菜（辣椒）等特色产业，种植面积达780亩，年产量300万公斤。紫苏、玉露香梨、线麻等新型产业项目真正崛起。目前，全镇人均纯收入4 100元。畜牧类产业项目17个，实施养牛、养猪、养兔园区及配套实施建设，做大做强传统养殖业，牛猪羊存栏达6 000余头，鸡鸭等禽类存栏达40 000余只。实施旱鸭养殖项目5个，带动5个村1 400余人，人均增收200元。

最后，实施扶贫资金资产性收益项目20个，落实扶贫资金1 690万元，年资产性收益分红170余万元，实现了36个村集体经济全部破零，5万元以上村18个，带动2 800户贫困户户均增收450元。

从上述资料可知，项目制运行在精准脱贫战略实施过程中发挥了巨大作用。扶贫项目的落实，扶贫项目资金的筹集、分配和使用，扶贫项目成功的共享等都为脱贫攻坚战略的顺利实施提供了制度保障。

（二）项目进村：扶贫项目与村庄承接主体

村庄不仅仅是一个人群的集合体，而是一个治理的共同体。村庄内部的人们根据生产生活方式、风俗习惯、宗族传统、权力结构、宗教信仰等形成一个具有内在联系、内在秩序、内在规律的组织共同体。村庄秩序的维系和社会的全面发展有赖于国家行政权力的支撑。同

① 资料来源：《HS县WM乡2017年扶贫项目实施运作情况》。调研资料编号：20190126HS01。

时,村庄内部以各种社会关系为依托所形成的社会生活共同体、利益共同体和文化共同体,会在村庄治理中自发的形成内在的治理秩序,会对外部行政力量的嵌入保持天然的距离。在精准扶贫战略实施过程中,从中央到乡镇的各级政府以全面建成小康社会为目标,通过项目进村来激励村庄主体通过参与项目建设实现自身利益,推动乡村发展。一方面是国家通过自上而下的项目进村来推进国家战略实施,强化对基层乡村社会的改造;另一方面,村庄社会内部以各种社会关联为基础形成利益共同体会自发的抱团与国家力量展开博弈,以彰显其固有的行动能力和自主性。因此,项目进村的整体运行必须建立公开透明的农民需求表达机制、民主协商机制和资源共享机制,才能让国家项目的运行真正地实现把好事办好、办成。

从调研实践来看,一些较好的项目实施流程往往包括以下几个方面。

首先,项目流程严格管控。严格按照“村—乡—县”逐级申报,村委会经过深入调查研究初步拟定项目后,组织召开“两委”会议和村民代表会议,广泛征求群众意见,提出申请,上报镇政府审查确定。县直职能部门与镇政府项目对接,通过实地考察,调研筛选,初步确定扶贫项目,然后上报县脱贫攻坚领导小组审定,审定后以文件形式批复到镇政府实施。确定项目后,严格按照招投标流程进行招标,确定施工单位后在村内进行公示。鼓励中标单位尽可能雇佣本村村民务工,增加村民就业机会和务工收入。

其次,因地制宜定项目。扶贫产业项目选择要精准,要以市场为导向,结合各区域资源优势资规划布局产业,做到长短结合、以短养长、多产联动。在确定项目时,要尊重农民意愿,结合本地实际,进行充分的市场考察、调研,这样既不脱离实际,又能调动农民的积极性。

最后,完善项目机制促增收。一是组建农民专业合作社。农民专业合作社作为支农项目的实施和经营主体,不仅解决了项目运行中农民自筹资金难的问题,同时增强了农民自主经营的责任心,调动了贫困户脱贫致富的内生动力,通过合作社项目分红可以充分保证脱贫效果持续性,体现出农民专业合作社经济功能和社会功能相统一的特征。二是建立资产性收益分配机制,让贫困户成为专业合作社的“股民”,实现稳定增收。村庄根据县级政府确立的资产性收益分配方案,积极争取相关资金作为村集体向合作社的投资。农民专业合作社通过法定程序从村集体和贫困户手里转包土地作为生产资料。合作社每年向村集体缴纳资产性收益分配款,用于分配给全村的建档立卡贫困户,带动贫困户脱贫。三是创新项目运营模式,降低项目运行风险。针对扶贫项目运行中普遍存在的市场风险大、合作社流动资金不足、村庄经营主体缺乏相应管理经验等问题,一些村庄探索出“公司 + 合作社 + 农户”的经营模式。由合作社与市场上一些知名的集团公司签订订单合同,外来的公司提供技术和部分资金支持,合作社负责组织生产,产品批量生产出来后集团公司负责定价收购。这种模式,一方面减轻了扶贫项目运行流动资金不足的压力,另一方面降低了市场风险,确保合作社的经营成效。

作者在调研 HS 县时,发现其在扶贫项目村庄运行中普遍形成了较为合理的运行模式,收获了很好的扶贫成效。以下就是扶贫项目运行的一个典型:“集体经营、个人承包、村民入股、收入公示、定期分配”的模式。村委会负主体责任,镇政府负监管责任,由村支“两委”集体表决选派有责任心、肯付出、敢担当的管理人员,对蘑菇棚实施管理,负责日常维护、安全保障、蘑菇采摘等工作,并按月给付佣金。分配方式为三种:一是所有贫困户均能享受到公司收益的普惠分红;二是村民入股,每 100 支为一股,每股 500 元,每户可入 1~2 股,股金存入蘑菇受益专用账户，股权部分的菌棒属个人资产，不可个人经营，不可变卖，可对蘑菇的生长、产量、管理、收益进行监督，每年按照收益情况进行入股分红；三是由贫困户个人承包大棚，对大棚进行日常管理、菌菇采摘、注水、通风。菌菇的出售由公司统一销售，由村民监督，公开公示，售出的资金按四六分成，承包户占四成，公司占六成（用于公司日常维护、股民分红、所有贫困户普惠）。村委会应当定期对蘑菇的产量、售价、收益、管理人员的日常开支等涉及收支的项目进行公示。香菇棚按最低每棚预计年产 4 500 公斤，按照市场普通平均行情 10 元 / 每公斤计，测算收入为 45 000 元，十座香菇大棚共计 450 000 元；平菇棚按最低每棚预计年产 7 500 公斤，按照市场普通平均行情 6 元 / 每公斤计，测算收入为 45 000 元，二十座平菇大棚共计 900 000 元；两项共计 1 350 000 元。该效益将惠及本村所有贫困户，实现增产增收①。

（三）项目入户：扶贫项目的最终受益主体

基层政府为了按时足额完成收税任务，必须深入基层了解农民的切实难题，为农民增收提供各种政策和资源支持。2006 年，我国全面取消农业税以后，农民与基层政府之间基于税费上缴而产生的利益关系不复存在。至此，基层政府与农民之间的联系日渐疏远，出现了乡镇政府的“悬浮化”问题。与此同时，中央政府颁布了一系列“多予、少取、放活”的惠农政策，出台了公共财政覆盖农村的政策措施，加强了国家对农民的帮扶和支持。在这样的时代背景下，项目制成为国家公共财政资源向农村和农民分配的重要渠道。项目入户成为后农业税时代调节国家与农民关系的重要枢纽，农户成为国家公共财政项目的应然受益者。

在国家自主性研究视域下，公共扶贫资源的合理有效投放、分配正义问题主要追问的是在何种程度上国家是一个自主性的实体，能够把自己的政策偏好上升为权威行动，精准落实于社会的基层政治过程。项目制在农村的运行大大提升了国家的嵌入式自主性。国家自主性并非任意政府体系中的一个永恒不变的结构性特征，它受到国家与社会的关系、政治体制、国家能力等相关因素的制约。从现实的精准扶贫战略实施过程来看，国家试图通过扶贫项目尽最大可能解决扶贫资源进村过程中的精英俘获现象。当精准扶贫战略在村庄的实施细化为分门别类的项目运行和管理后，作为村庄主体的农民、贫困户如何通过利益诉求的表达来实现自身利益，不仅仅关乎扶贫项目的成败，也直接关系到作为国家层面的精准扶贫战略能否真正在村庄扎根。

扶贫项目运行的良好效果能否真正惠及贫困户，在扶贫项目运行过程中如何尽可能避免扶贫资源浪费和分配不公，提升扶贫项目运行的国家自主性是这一问题的关键。扶贫项目的运行是一个体系化、系统化的过程。精准扶贫战略实施的初衷要求项目不但要进入贫困村，而且要把资源精准地惠及贫困户。为此各地形成了一系列关于扶贫项目的申请、遴选、实施、监督、考核、验收、评比等可量化的程序。具体包括以下原则。

（1）充分调研，找准贫困痛点，选准扶贫项目。国家公共财政资金以专项的形式下沉到农村后，关键的问题就在于选择什么样的产业项目来用好扶贫资金。乡镇和村庄要在深入调研的基础上，结合农村特色，掌握了解所在村庄，特别是建档立卡贫困村产业特点和致贫因素，研判并找准贫困人群痛点。要以市场为导向，结合各区域资源优势资规划布局产业，做到长短结合、以短养长、多产联动。

---

① 资料来源：《HS 县 QC 镇 QC 香菇园区项目运行情况》。调研资料编号：20190126HS08。

（2）强化组织引领。村支“两委”班子要充分发挥基层组织战斗堡垒作用和党员干部先锋模范作用，充分调动贫困户的积极性，引导贫困群众直接或间接地参与特色优势产业开发，确保贫困群众增加收入。

（3）以贫困户收益为准则。公共扶贫项目帮助的对象必须以带动贫困户为条件，措施必须精准落实到贫困户，效益必须精准体现到贫困户。

（4）重点注重技术保障。扶贫项目要强化技术保障，既要充分发挥专业技术人员的专业优势，对扶贫产业的全程跟踪指导服务，又要提高贫困户自身发展意识和生产技能，大力开展实用技术培训，实现贫困户全员培训，力争人人都是“土专家”。

（5）扶贫项目真正用于扶贫的基本要求是贫困户参与。精准扶贫项目进村的出发点和落脚点是贫困户增收脱贫，只有贫困户全员参与，这一目标才有望实现。要健全扶贫项目和贫困户之间的联结机制，帮助贫困户稳定获得生产收益、劳动务工收益、政策扶持收益、入股分红收益，使贫困户增收由被动变为主动，由“输血”变“造血”。

二、贫困治理中项目制的运行难题

在行政资源有限的基层，项目制相较于传统的科层制有独特的优势，即通过项目制上层部门能有效统筹管理资金、集中人事安排，从而拥有高效的动员程序，极大提升工作成效，因此，项目制在基层得到了广泛的推行。地方政府越来越青睐以项目制来分配资源，这也深刻影响着政府内部、中央及地方自上而下的治理模式。项目制在脱贫攻坚过程中发挥了重要的作用，同时，也仍存在一些短板。

（一）扶贫项目运行过程贫困农民的持续深度参与有待提升

精准扶贫过程中，越来越多扶持和发展农村的项目资源进入农村，对农村社会的影响程度日益深化。项目进村的本意是为了体现国家财政的公共性和普惠性，但也必须面对农村需求基数大、公共品供给不足的现状。项目下乡实际是一个利益分配的过程，可分为项目指标下放和项目进村的实际运作两个过程，这就形成了地方政府、村庄利益群体和个体农民不同主体之间的趋利性行为。扶贫项目实施过程中部分企业和社会组织利用国家扶贫优惠政策进入扶贫领域，但带动贫困人口脱贫意愿不强，贫困群众参与度低，辐射带动能力有限，深层次、多元化的利益互联共享机制形成困难较大。扶贫项目不应该只是按照规定的程序走完流程就行，而是要配套的长效治理形式，培育贫困村和贫困户的实质性发展能力。产业扶贫推进不够有力，产业和就业支撑不足，产业发展与贫困户利益联结不够紧密，带动脱贫效果不明显等是扶贫项目落实中存在的难题。

从目标上看，首先，扶贫项目执行的最终目的是确保贫困户系统的、长期的全部脱贫，这区别于一般项目制只需要完成特定目标就能实现。其次，从设定人群看，贫困户致贫原因一是缺机会，二是缺能力，这使得入户的项目实际上降低了项目制原有的竞争性，增强了国家再分配的福利性质。最后，从时限性看，精准扶贫有明确的时间期限，这也使得扶贫过程短期化[①]。由此可见，产业扶贫项目运行达到预期目标的前提是贫困户参与。产业扶贫的出发点和落脚点是贫困户增收脱贫，只有贫困户全员参与，这一目标才有望实现。

---

① 王雨磊．项目入户：农村精准扶贫中项目制运作新趋向 [J]. 行政论坛 ,2018(5):45-53.

调研发现，HS 县 XM 公司参与项目扶贫的经验值得推广和借鉴。HS 县 XM 公司健全产业精准扶贫利益联结机制，帮助贫困户深度参与，稳定获益。坚持公司化发展模式，通过“公司 + 基地 + 合作社 + 农户”的管理运营模式，带动贫困户广泛参与产业发展各个环节生产经营活动，分享收益，实现稳定增收。即 41 个搬迁村分别组建 1 个“大棚分配户”户户参与的食用菌种植专业合作社，41 个合作社以资产入股的形式组建 1 个食用菌产业公司，以委托经营管理的模式，委托第三方进行经营管理、组织生产、产品销售，农户以务工和分红形式稳定增收。

（二）扶贫项目管理规范性和长期发展动力有待提升

在具体的精准扶贫项目运行过程中，基层村庄由于思想站位不高，工作经验不足，技术化水平不到位，对中央和省市关于脱贫攻坚的有关精神领悟不到位等原因，导致扶贫项目在村庄落实中存在一定的随意性。首先，个别村庄把重点放在扶贫项目的争取和申报，但是对于项目的实施和验收环节缺乏科学的、全流程的监管。扶贫项目精准落实需要相关单位负责人主动深入项目建设一线，围绕扶贫项目立项、环评、用地、招投标等关键环节，逐项目制定进度表、时间表、责任表、计划图，这些都需要各个单位领导的高度重视和单位之间的高度协同。在扶贫项目实施过程中，存在个别单位领导工作能力不足和单位之间协同困难的问题。其次，扶贫资金的管理是项目保质保量运行的关键，扶贫项目资金的需要落实好“五签三审”“四议两公开”财务制度，加强对扶贫资金的监督管理，但在具体实施中个别村镇在扶贫项目资金的管理方面存在使用不规范和报账不规范等问题。最后，在脱贫攻坚的指标任务压力下，部分地区会选择投资少、回报周期短、非技术密集型的“短平快”项目。这些项目虽然在短期内带来一些成效，但问题在于长期发展动力有待提升。一些农村地区在脱贫攻坚时期推进落实项目进村的方法手段相对单一，将项目的落实简单地看成是给农民送资源。这导致部分农民群众对项目资金“等、靠、要”的依赖性思想严重。此外，进村项目类型单一、同质化严重，许多产业尚在初级发展的阶段，产品附加值低，在产业价值里的竞争力不足，再加之新冠病毒疫情对乡村旅游、农产品销售种植等多领域的新生产业都带来了很大的冲击。这些问题都对给农村产业的可持续发展和农民的持续增收都造成了不良影响。

回顾我国打赢脱贫攻坚战的宝贵经验：建立起一套具有中国特色的、成熟的社会主义脱贫制度至关重要。因此，如何推进项目进村改革，通过对脱贫攻坚方法和政策的迭代，探索出推进农民农村共同富裕的集成路径，从而逐渐形成一种长效的治理机制。从短期上巩固脱贫攻坚成果，使之与乡村振兴有效衔接，防止发生大规模返贫；从长期上以脱贫攻坚的宝贵经验和政策为基础，形成一套完整的推进农民农村共同富裕的长效机制，这是项目进村长远发展并最终推进农民农村共同富裕的必由之路。

三、加强科学管理，走好扶贫项目管理的群众路线

在精准扶贫战略实施过程中，国家通过项目制的实施极大地提升了国家自主性，但同时，此过程也会产生一些在扶贫项目资源分配过程中的新问题，导致国家自主性的流失。这一悖论的形成与国家在扶贫项目进村运行中的自主性选择偏好和行为能力密切相关。精准扶贫项目的落地必然伴随着多元行动主体的竞争、对话、协商。如果精准扶贫的过程还是政府单打独斗、单向强制，而社会组织孱弱，大众参与机制不健全，民众还没有便捷的渠道来合

理表达自己的利益诉求,那么,再多的机制设计也难以阻挡强势社会力量的曲解和分化。

(一)规范扶贫项目申报管理,确保扶贫项目真正有利于帮扶贫济困

严格项目前期科学性、合理性论证,因地制宜,科学立项,防止损失。针对县域经济实际,在有限的资金集中用于有利于绝大多数贫困户增收的养牛、双孢菇、杂粮种植、山坡绿化及农产品精加工等项目,实现"一县一业""一村一品"的农业产业化发展新格局。严把项目申报关,在项目申报上采取"系统审核+党委会研究表决"的方式,把一些不符合县委产业扶持方向,盲目申报,产业前景不佳的项目给予一票否决。县级政府各职能部门要做好对乡镇申报项目的前期调研论证,没有相关职能部门审核意见的,不得进入项目库,严把项目"入口关"。对利用小额贷款申报项目的主体进行充分研判,确保扶贫资金用到刀刃上,扶贫项目建到关键处。

扶贫项目申报成功后,要进一步简化程序,确保扶贫资金及时到位。扶贫部门要进一步简化办事程序,优化服务环境,减少办事环节,提高办事效率。对一些项目的立项、申报能减少的环节要尽量减少,特别要减少政府机关部门和扶贫部门内部的有关手续,能不签字决不增加签字程序,能联合办公一次审定的项目或验收的项目一次审定或验收,确保扶贫资金及时到位。

(二)规范扶贫项目运行监管,确保扶贫项目真正惠及贫困户

扶贫资金是解决农村贫困人口温饱问题,支持贫困人口产业发展的专项资金,必须做到专款专用,用于获批的扶贫项目,不挤占,不挪用或随意调整,管好用好扶贫专项资金。明确主体责任,确保项目建设的质量,严格主体责任,坚持"谁主营,谁签字,谁负责"的原则,明确项目实施单位的主体责任,强化对项目单位的监督、管理、服务,确保项目如期完成,明确主体作用,确保项目运行的效益。项目建成后,运行是关键,增收是目标。进一步明确贫困人口的主体作用,发挥贫困人口的主观能动作用,调动他们的积极性,创新管理机制,真正参与项目的管理和实施,把贫困人口增收的利益与项目发挥的作用连接起来,共担风险,共享收益,实现产业壮大,农民增收。具体监管审查要做到以下几个层面。

一看是否项目监管到位。扶贫项目运行是否始终"项目跟着规划走,资金跟着项目走,监管跟着资金走"的原则;扶贫项目是否在充分考虑贫困村资源禀赋的前提下,按照中央扶贫政策精神,因地制宜地执行省、市扶贫办下达的项目资金额度和建设内容;扶贫项目是否坚持项目启动前预拨启动金,项目验收后实行报账制回补,在确保了资金的安全运转的同时,是否确保工程保质保量完成。扶贫项目管理过程中,是否存在随意调整挪项、擅自分散使用和"半拉子"工程等现象发生。二看是否坚持阳光作业。项目规划到村,资金直补到户,是HS县实施扶贫开发项目一个明显特点。在实施前,是否实行项目公示、资金公开、全方位、多渠道接受群众监督,增强了项目规划、资金使用的透明度;在实施中,是否对受益人口实行公示制,对工程项目实行招投标制;在实施后,是否严格验收程序;验收合格后,是否按照财政扶贫资金拨付程序进行拨付,有效地堵塞了扶贫资金运行过程中的各种漏洞,严密了财政扶贫资金管理体制。三看是否严格扶贫资金使用。在扶贫项目资金的管理上,是否严格按照《财政扶贫资金管理办法》,设立扶贫项目资金专账,实行全过程跟踪管理,全封闭运行。从扶贫项目申报、审批到资金下拨、使用各个环节,是否主动接受审计、财政、监察部

门和上级主管部门的检查、审计和监督，始终做到专款专用，足额到位，无挤占、挪用、截留现象发生。

（三）规范扶贫项目的验收审计管理，对项目实施全过程跟踪监管

HS县县财政局、县审计局、县扶贫办、县金融办、各乡镇要严把项目验收和审计关。在对专业性要求不高的项目进行验收时采取采购专业计量器具抽调高素质镇干部进行现场查验，针对专业性比较强的项目采取聘请第三方验收机构进行验收。从农经站、财政所抽调专业人员对项目资料、账务、资金管理进行内部审计，对发现的问题及时给予纠正。重点对资产性收益项目的资金管理进行监督审计。聘请第三方对每一年县、乡、村实施的扶贫项目，开展资金使用绩效评估审计和项目资金使用审计，及时发现问题，以整改提高脱贫成色，管好、用好扶贫资金。加强对使用小额信贷还贷能力差的贫困户的帮扶力度，项目实施要优中选优，提升抵御市场风险能力；对贫困户入股合作社联营的，农经部门要加强对合作社的有效管理，建立防控风险机制和预警机制，有效降低扶贫资金使用风险。各乡镇要加强从业人员的培训力度，提高财会人员和主管部门监管人员的业务素质和财务水准；加大主管部门分管项目责任监控，确保扶贫资金合理正规安全使用。

第三节　项目下乡的典型案例分析

以项目制的方式推进精准扶贫资源下乡，充分发挥国家在精准扶贫过程中的主导作用是中国特色贫困治理取得成功的关键因素。HS县县政府紧紧围绕SX省政府脱贫攻坚总体部署，立足县域特色资源，以产业扶贫为重点，以项目建设为抓手，创新多种模式、采取多种渠道，引导、鼓励贫困户发展特色种植业，扩大特色产业扶贫覆盖面，为全县贫困户脱贫增收提供了有力支撑，扎实推进脱贫攻坚各项工作。这些做法为于脱贫攻坚与乡村振兴战略的有效衔接打下了坚实基础。以下是调研过程中HS县扶贫项目建设和运作的典型做法。

一、管好扶贫资金，确保精准扶贫准确滴灌

党的十八大以来，中央和地方政府都大幅度增加了财政专项扶贫的投入，为脱贫攻坚任务的完成提供坚强保证。扶贫项目下乡所代表的巨大转移支付体系增强了“条条”，即央地职能部门的力量。同时，在扶贫项目实际运作过程中出现了很多意料之外的结果，具体表现为：自上而下“条线”运作的项目制缺少中间层级发挥作用，缺少下级政府的主动参与；而下级政府在对专项资金“打包”的过程中，进行自下而上的运作实现对上级的反控制，形成分级运作的机制。因此，在扶贫项目下乡过程中，如何管好用好扶贫专项资金成为核心机制。按照“中央统筹、省（自治区、直辖市）负总责、市（地）县抓落实”的责任传导机制，县级政府在扶贫项目资金的审批管理中发挥着主要作用。调研中发现HS县县委县政府靠制度笼子，管好用好扶贫资金，为全县的脱贫摘帽提供了强有力的保障[①]。

① 资料来源：《HS县扶贫资金使用管理典型做法》。调研资料编号：20190126HS19。

(一)坚守底线思维　严把项目资金申报审批

脱贫攻坚项目建设是打好打胜脱贫攻坚战的重要引擎,项目资金的精准落地,有效使用是底线,关乎各项扶贫政策的落实到位,关乎党和政府的声誉。进入脱贫攻坚期后,HS 县为守住这一底线,积极探索扶贫项目资金的管理改革,于 2017 年出台了《HS 县脱贫攻坚财政专项扶贫资金项目建设管理实施办法》,2018 年又进行了修改完善。实施办法从项目的申报、审批、实施、验收、绩效评估进行了全方位改革,明确脱贫攻坚项目的申报主体是各乡镇人民政府。各乡镇人民政府根据项目类别与相关业务部门主动对接,业务部门指导乡镇编制项目实施方案,提供技术服务,共同将初审项目提交县脱贫攻坚领导小组办公室。县脱贫攻坚领导小组办公室收齐项目申报书之后,由分管扶贫工作副县长组织召开项目座谈会,对各类项目进行再讨论、再对接、再审核。领导组、政府常务会按照项目情况的轻重缓急,量力而行,注重实效优先有利于脱贫攻坚的原则审定项目、审批项目,进一步明确各部门的职责,实现由扶贫部门一家统揽到各职能部门各尽其能、各司其职的转变,变部门行为为县委、县政府行为。脱贫攻坚项目的精准实施,激发了动力活力,促进了全县农村经济的快速发展。2018 年全县贫困人口人均可支配收入 4 567 元,全县居民存款总额达到 84.14 亿元。

2018 年 HS 县实施扶贫项目共 933 个,总投资达 11.81 亿元,申请扶贫整合资金 7.5 亿元。其中:农业产业项目 212 个,畜牧产业项目 160 个,基础设施项目 408 个,旅游产业项目 4 个,水利建设项目 83 个、农机建设项目 14 个、以工代赈项目 2 个、林业建设项目 8 个,其他类 42 个。通过实施农业、畜牧、林业、旅游、光伏等产业项目,覆盖 266 个建档立卡村、18 087 贫困户、49 239 贫困人口,人均增收 960 元,实现了每个贫困村有 2 个以上产业项目,每个贫困户至少参与 1 项增收项目。

(二)坚决不越红线　严管项目资金合理使用

脱贫攻坚项目确定后,确保扶贫资金不截留、不挪用,不发生优亲厚友、贪污挪用等违纪违法行为,按时足额到位是关键,是不可逾越的红线,为此 HS 县主抓以下六方面的工作。

一是制定《HS 县财政涉农资金整合方案》,做到应整尽整。根据上级有关精神,立足 HS 县实际情况, 2017 年整合林业、农机、教育等涉农资金 9 类 83 项共 2.35 亿元。2018 年将财政涉农扶贫资金整合范围由原来的 9 类 83 项调整为 6 类 60 项,对扶贫专项资金、农林水资金、教育资金、住房保障资金、国土资金进行了全面整合,计划整合范围资金 30 452.09 万元,实际整合资金 30 688.68 万元,整合率 100.8%,在资金使用规模上做到精准。

二是严格执行国库集中支付制度,做到"阳光支付"。根据《HS 县脱贫攻坚财政专项扶贫资金项目建设管理实施办法》的规定,项目资金由项目主管部门直接支付到项目建设实施单位,实行项目拨付"直通车"。县财政局是财政扶贫资金的主管部门,负责资金监督检查。县扶贫开发中心负责组织有关部门对扶贫项目进行审核。县直各职能部门是项目的主管部门,既是组织者,又负责资金的拨付使用。项目乡镇既是项目的组织单位,又是项目的监管部门,是项目的责任主体。项目实施单位是项目的实施主体,具体组织项目实施和资金的直接使用,将扶贫资金使用的责任细化到各部门,形成了各司其职、各尽其能的局面,有效地解决了多头申报、互相扯皮的问题,提高了扶贫资金的拨付进度。2017 年支付整合资金 2.14 亿元,支付率达到 91.3%,超出规定 1.3 个百分点;2018 年支付整合资金 29 957.28 万元，支付率为97.61%。

三是出台地方性政策，做到实事求是。扶贫资金的管理使用涉及诸多方面，一方面，HS县加大扶贫资金管理使用的宣传力度，印发《HS县财政涉农资金管理宣传手册》3 000余册，组织扶贫资金管理人员培训学习，增强了相关人员的规矩意识，保证了财会人员依法依规办事。另一方面，坚持因地制宜，实事求是发挥扶贫资金的最大效益。县委县政府出台《HS县资产性收益扶贫实施方案》，将专项扶贫资金折股量化投入企业和合作社，在确保本金（股金）不受损失的前提下，年收益不低于投入扶贫项目资金总额的10%。着力构建财政专项扶贫项目、财政支农项目资产收益扶贫新模式。2018资产性收益项目共涉及畜牧、农业42个龙头企业和合作社，2018年投入专项扶贫资金1亿元，带动8 625个贫困户户均增收742元。

四是建立信息公告公示制度，做到公开公平。根据《HS县扶贫项目资金公示制度》文件要求，充分利用HS县政府网站、HS县扶贫开发网站、乡村级政务公开栏，广播电视、微信公众号等形式，对全县项目安排、资金分配结果以及村级基础设施、增收产业等项目进行了公告公示，并组织开展扶贫项目资金贫困户知晓率和参与度调查，真正保障了人民群众的知情权，做到政策规定家喻户晓，资金使用公开透明，项目实施清楚明白，扶贫效益公开可信。2018年先后6次对脱贫攻坚项目库应公开的1 983个扶贫项目全部进行了公开公告，收到了良好的公示效果。

五是聘请第三方机构，做好审计自查。HS县政府出台《关于开展2017年度统筹整合财政涉农资金专项审计的通知》。HS县聘请第三方对扶贫资金项目进行了全面审计，采取边审计边整改的办法，先后整改项目资金和档案资料各类问题56条，有效确保了扶贫资金的精准使用。

六是加大监督检查力度，做到严查重处。《关于对统筹整合财政涉农资金进行专项检查的通知》《关于对民生财政资金专项整治重点检查发现问题进行整改规范的通知》等一系列文件的相继制定，由县财政局牵头对全县10个乡镇及其所属使用扶贫资金的贫困村和产业合作社，农业、水利、畜牧等单位部门进行重点抽查检查，及时发现和整改资金使用过程中的违规违纪问题。2018以来约谈乡镇党政“一把手”25人次，部门负责人35人次，问责党员干部99人，其中党内警告1人，诫勉谈话4人，通报批评94人，书面检查党组7个，通报党组6个。

（三）坚持不碰高压线　严格项目资金绩效评估

扶贫资金使用的好坏，最终体现在扶贫项目的绩效，看是否发挥了扶贫资金的最大效应，看是否带动了当地产业的发展，是否促进了贫困户的增收致富。为此，HS县政府成立了由县长任组长，财政、扶贫中心、审计等部门单位组成项目绩效评估领导组，采取项目实施单位自评、主管职能部门与乡镇联合评估、聘请第三方评估相结合的方式，对2017年以来的所有扶贫项目进行了绩效评价。项目评价主要分为以下几个分项：项目的申报、立项、审批、实施、验收等各项手续是否完善；项目实施数量、质量是否完成年度计划要求；项目实施结果是否达到预期效益；项目拨付资金程序是否合理；项目带动贫困户增收情况；项目的实施内容是否与批复一致；项目资金使用是否弄虚作假。特别是HS县委托第三方中介机构，对2015年至2016年89个企业合作社的项目资金4 510万元（2015年1 168万元，2016年3 342万元)，2017 年统筹整合扶贫项目资金 9 062 万元进行了绩效评价,及时发现后续管护不到位、验收不及时、效益不明显等各类问题 184 个,有效保证了全县扶贫资金的合理使用。

二、易地扶贫搬迁后续产业食用菌园区项目建设案例①

易地扶贫搬迁是贫困户摆脱贫困的重要路径之一。为了让搬迁后的贫困户在新居中能够安心居住，HS 县委、县政府把移民搬迁后续产业发展作为脱贫攻坚的重中之重。2018 年初成立了由县委副书记、政府县长任组长,县委副书记、政府分管农业副县长为副组长,相关部门主要领导为成员的“HS 县易地搬迁后续产业建设项目领导组”。项目领导小组统筹谋划,组建工程推进组、技术服务组、生产组织组、市场销售组、菌棒定制接洽组、监理工程负责组、资金拨付安全组和后勤保障组八个易地扶贫移民搬迁后续产业食用菌园区工作组,细化分工明确责任,有力地保障后续产业菌菇大棚建设的顺利推进。

(一)食用菌园区项目推进情况

2018 年,按照《关于印发〈HS 县 2018 年脱贫攻坚行动计划〉的通知》和政办发〔2018〕2 号文件精神，HS 县农业农村局牵头组织实施了“HS 县易地扶贫搬迁后续产业食用菌园区项目”。该项目于 2018 年 6 月 6 日动工建设，8 月底主体工程完工。总投资 7 434.7 万元,其中基础设施建设 5 940.3 万元、菌棒购置 1 494.4 万元。项目占地 572 亩,建成 1 600 个食用菌大棚,每个大棚棚内面积 112 平方米(4 m×28 m),分为 FT、BZ、NG、NG 4 个片区,其中 FT 片区 378 个棚、BZ 片区 618 个棚、NG 片区 484 个棚、NG 片区 120 个棚,并配套完善水电路、冷库等基础设施。该项目涉及 6 个乡镇,覆盖易地扶贫搬迁村 41 个,涉及建档立卡贫困户 1 298 户 3 507 人、同步搬迁户 540 户 1 438 人,其中建档立卡贫困户和同步搬迁户中有劳动能力的 1 355 户“一户一棚”,实现了除社会兜底外贫困人口全覆盖。同时,搬迁村村集体按人口比例分配一定数量的棚用于发展集体经济。

2019 年,HS 县政府投资 3 740 万元,进一步完善园区配套设施,进一步健全食用菌产业链。一是实施园区护坝、桥梁和大棚标准化建设、围栏照明监控等配套工程,进一步完善园区基础设施;二是重点建设一个菌棒制作车间、一个菌菇加工车间,降低成本,增加产品附加值,提高种植收益。目前,园区护坝工程正在施工建设,大棚标准化建设、围栏照明监控等工程项目正在评审招标。

(二)食用菌园区项目推进措施

1. 提高政治站位

HS 县易地扶贫搬迁后续产业食用菌园区项目是县委、县政府深入贯彻落实党中央“五个一批”脱贫路径重要指示精神和省委“六环联动”、市委“三个三”工作思路的重大实践,也是确保如期实现脱贫摘帽的重要举措。县委、县政府和县农业农村局将该项目作为一项重要的政治任务去完成,整合资金,强力推进,确保了项目建设如期完工并投入生产。

2. 强化组织领导

为确保易地扶贫搬迁后续产业食用菌园区项目扎实推进,县委、县政府多次组织召开县

① 资料来源:《HS 县农业农村局易地扶贫搬迁后续产业食用菌园区项目运行情况》。调研资料编号:20190126HS20。

委常委会议、政府常务会议专题研究部署，并成立了由政府县长任组长的“和顺县易地扶贫移民搬迁后续产业发展领导组”，制定出台了《关于进一步做好易地扶贫搬迁及后续产业相关工作的实施意见》，强化了组织领导，压实了工作责任，明确了推进措施，为项目建设提供了组织保障。同时，县农业农村局为按时完成建设任务，组建了工程推进、技术服务、生产组织、市场销售、菌棒采购、质量监管、资金拨付、后勤保障 8 个工作小组，明确了时间表，制定了路线图，倒排工期，责任到人，合力推进项目建设。

3. 全力保障资金

县委、县政府在县财政极度紧张、脱贫攻坚资金需求压力大的前提下，多方筹措整合资金，全力保障后续产业项目资金。项目总投资 7 434.7 万元，其中市级下拨专项资金共 832.97 万元，县级配套 6 601.73 万元，配套比例接近 1 ∶ 8，不仅保证了市级专项资金专款专用，而且确保了配套资金及时到位，保障了项目建设顺利推进。

4. 科学决策规划

经专家论证和多年实践，HS 县的高寒气候，非常适宜种植反季节食用菌。近年来，食用菌产业在 HS 县已形成一定规模，2017 年底以双孢菇为主的食用菌产业菇床面积已达到 100 万平方米，产业效益明显，群众发展积极性高，为后续产业食用菌园区项目的选择奠定了坚实的民意基础。通过广泛征求搬迁村的搬迁户意见，HS 县后续产业发展选择了绿色生态的食用菌项目。为搞好项目建设要做到：一是严格审批立项。经农业农村局申报、脱贫攻坚领导组审核、政府常务会议研究，县政府以文件形式进行了批复立项，做到了程序严格；二是科学规划设计。聘请了 SX 农大食用菌专业团队进行了规划设计，从园区规划布局到棚体标准建设，做到了精益求精。

5. 项目效益明显

2018 年 9 月份菌棒入棚开始生产，县政府全额出资招标采购平菇菌棒 480 万棒，为每棚每户无偿提供平菇种植菌棒 3 000 棒。当前，各片区正在正常生产出菇。据调查统计，HS 县人均增收达到 3 100 元左右。

6. 全程技术保障

借助 SX 农大技术帮扶的优势，HS 县组建了“服务和顺食用菌技术指导组”，制定了标准化生产技术规程，并在每棚醒目位置张贴悬挂；发挥县农业农村局职能，选派技术骨干定点指导日常生产，定期组织技术培训；聘请平菇种植技术专家，驻点全程跟踪指导生产。

（三）食用菌园区项目运行存在的问题

1. 产业链需进一步健全完善

食用菌项目虽已建成投产，但是要想做大做强，确保种植户稳定增收，必须在完善产业链上下功夫，如配套投资建设菌棒制作车间、菌菇加工厂、有机肥加工厂等。

2. 菌菇销售市场不稳定

虽然农业农村局等政府相关部门多方联系销售市场，但还是处于零售多、订单少的情况，导致出现销售价格不稳定、产品滞销等问题。

3. 生产管理上还要再加强

食用菌园区建成初期，41 个村各自为政，生产管理上还存在不规范的问题。

总之，HS 县易地扶贫搬迁后续产业食用菌园区项目运行管理探索出的新机制具有较大的推广意义。食用菌园区项目坚持公司化发展模式,通过“公司 + 基地 + 合作社 + 农户”的管理运营模式,带动贫困户广泛参与产业发展各个环节生产经营活动,分享收益,实现稳定增收,即 41 个搬迁村分别组建 1 个“大棚分配户”,户户参与的食用菌种植专业合作社, 41 个合作社以资产入股的形式组建 1 个食用菌产业公司,以委托经营管理的模式,委托第三方进行经营管理、组织生产、产品销售,农户以务工和分红形势稳定增收。

第五章　由脱贫到振兴的政策衔接机制探索[①]

政策衔接是制度渐进性变迁中的尝试性和过渡性环节。脱贫攻坚到乡村振兴的政策衔接处于我国农村基本经营制度变迁和国家治理现代化的宏大历史进程。从历史制度主义的“制度拼图”视角来看，由脱贫到振兴的政策衔接过程内含依赖式取代和拓展式漂移两种渐进变迁模式。袁家村以满足农民需求为核心，在政策衔接中“涌现”出的试点机制、组织学习和动态适应机制和统合治理机制助推其逐步实现从脱贫到小康再到富裕的有序衔接和转型升级。

脱贫攻坚和乡村振兴的衔接是中国政治稳定期间制度变迁的重要典型事件。有效衔接既包括宏观层面两类不同政策的彼此对应、承接、互联互通，也包括中观、微观层面两类不同的政策主客体之间因政策承接而产生的动态社会影响和互动关系。政策衔接不是一蹴而就的，而是一个历史与现实相互照应的连续统一体。“历史是至关重要的。其重要性不仅在于我们可以从历史中获取知识，而且还在于种种社会制度的连续性把现在、未来与过去连接在了一起”[②]。当下我国正处于脱贫攻坚与乡村振兴的过渡期，在此过程中，当下的社会制度为我们提供了什么样的通向未来乡村振兴的连续性，这种连续性又是如何形成和逐渐演变的？现有的理论分析大多从制度的整体框架层面讲衔接，而忽视了村庄、农民这些制度衔接中最直接、最有活力的行动主体的行为逻辑和偏好。他们在何种程度上用什么样的方式来改变、阻碍或者促进政策衔接，又形成了怎样的独特模式和风格？这方面的研究还相对较少。本项目以袁家村作为案例进行政策衔接的分析和阐释，试图回应和回答作为底层村庄如何在历史的关键时刻抓住国家整体制度变迁的有利时机来发展自己，试图描绘政策衔接的底层故事。

第一节　脱贫攻坚和乡村振兴政策衔接文献综述

现有关于脱贫攻坚与乡村振兴政策衔接的文献主要分为以下三类。首先，理论层面的政策阐释，重点在解释脱贫攻坚与乡村振兴政策衔接是什么和何以必要的问题。如脱贫攻坚与乡村振兴目标相连，层层推进；脱贫攻坚是乡村振兴先决前提，乡村振兴是巩固脱贫攻

① 本章内容以题为《由脱贫到振兴的政策衔接何以可能？——基于历史制度主义视角的典型个案分析》发表在天津行政学院学报 2022 年第 1 期。此次出版时有所删减。

② 道格拉斯·C. 诺斯．制度、制度变迁与经济绩效 [M]. 杭行，等，译．上海：上海人民出版社，2008：1.

坚的力量保障①，对实现“两个一百年”奋斗目标意义重大②等。其次，脱贫攻坚与乡村振兴政策衔接的具体方式和路径探索。一类是从宏观战略层面提出的衔接路径，这类学术成果较多。通过梳理发现，学者们在建立差异性与接续性相统一的政策体系③，夯实产业基础④，助力产业发展和提升农村社会治理能力和治理体系现代化⑤这三点上达成较大的共识。另一类是从微观政策转移接续的视角提出脱贫攻坚和乡村振兴衔接过程中需要退出、加强、转化、新设的各类政策，为政策衔接提供了较为详细的可行性指引⑥。最后，田野调查基础上的脱贫攻坚与乡村振兴政策衔接的机制探索。如优化联动机制，做好统筹衔接的精细化分层对接⑦；深化农村土地制度改革，筑牢乡村产业发展根基⑧；引进市民、能人与企业家，培育乡村长期发展的人才资源；盘活乡土文化资源，厚植乡风文明的土壤；提高乡村治理水平，推动实现共同富裕等助推脱贫攻坚与乡村振兴统筹衔接的长效机制。

总之，从既有研究来看，现有研究存在以下三个层面，有可进一步提升的空间。其一，宏观政策逻辑分析有余而微观个案和机制分析不足。其二，静态政策框架分析较多而动态过程分析不足。其三，研究视野相对较窄，只是就脱贫攻坚和乡村振兴这两个政策领域来谈衔接，而忽略的政策衔接的大历史背景是我国现代化进程中制度的渐进性变迁和治理能力与治理体系的现代化。脱贫攻坚与乡村振兴的衔接不是一个孤立的两种政策之间的转换。只有把两者置于更长时段的历史和制度脉络中，置于国家治理现代化的宏大制度和中国农村基本经营制度变迁的社会历史情境中来理解，才能深度地理解政策衔接的内在逻辑和动力机制。

历史制度主义是20世纪八九十年代西方比较政治研究领域兴起的新制度主义三大流派之一，其代表人物有特伦（Thelen）和斯坦默（Steinmon）等。历史制度主义学者的在扬弃理性选择制度主义和社会学制度主义学者观点的基础上提出人与制度之间的互动具有更多的复杂性。人既有理性计算自身利益的一面，也有利他性地遵循社会规范的一面。因此，主体的行为选择取决于不同历史境遇下个人、环境和规则的多维互动⑨。

历史制度主义着重从真实的历史进程中总结和归纳出对特定事件的发展延续起重要或者决定性作用的因素。这就为政策衔接的相关分析提供了很好的方法指导。历史制度主义认为制度的相对稳定和间断变迁时刻并不是完全对立的，在稳定期的制度也会发生渐进性

① 汪三贵，冯紫曦．脱贫攻坚与乡村振兴有效衔接的逻辑关系[J]．贵州社会科学，2020(1):4-6.

② 张琦．稳步推进脱贫攻坚与乡村振兴有效衔接[J]．人民论坛，2019(S1):84-86.

③ 左停，刘文婧，李博．梯度推进与优化升级：脱贫攻坚与乡村振兴有效衔接研究[J]．华中农业大学学报(社会科学版)，2019(5):21-28.

④ 陈文胜．脱贫攻坚与乡村振兴有效衔接的实现途径[J]．贵州社会科学，2020(1):11-14.

⑤ 陈明星．脱贫攻坚与乡村振兴有效衔接的基本逻辑与实现路径[J]．贵州社会科学，2020(5):149-155.

⑥ 高强．脱贫攻坚与乡村振兴有效衔接的再探讨：基于政策转移接续的视角[J]．南京农业大学学报(社会科学版)，2020(4):49-57.

⑦ 王志章，杨志红．西部地区脱贫攻坚与乡村振兴战略的融合之路：基于10省85村1143户的微观调查数据[J]．吉首大学学报(社会科学版)，2020(2):71-81.

⑧ 付寿康，李忠斌．脱贫攻坚与乡村振兴统筹衔接的策略研究：以湖北省为例[J]．改革与战略，2020(7):102-110.

⑨ 奥菲欧·菲奥雷托斯，图利亚·费勒提，亚当·谢因盖特，等．政治学中的历史制度主义[J]．国外理论动态，2020(2):112-126.

的变迁。在同一政治系统内部，产生时间、运行步调不一致的各种制度难免会发生冲突，制度创建的非同时性产生了“制度拼图”。制度拼图导致制度之间的衔接出现各种问题，在此过程中会产生制度的渐进性变迁。历史制度主义学者奥伦和斯科夫罗内克引入“交互并存”的概念来说明“制度在创建、复制和变迁中的持续性特征”①。

在交互并存阶段的渐进性制度变迁往往存在四种不同样态的变迁模式：取代（displacement），即移除既有规则，并引入新规则；层叠（layering），即引入新规则，将其置于既有规则之上，或使其与既有规则并行存在；漂移（drift），即由于环境改变，既有规则的影响发生改变；转换（conversion），即由于策略调整，既有规则改变了执行方式②。制度延续和制度变迁是硬币的两面，其中间过渡带是制度体系内的不同制度之间的互动与衔接。制度衔接是否顺畅、制度落实是否顺利取决于制度的变迁的核心行动者、底层参与者在对话、协商的基础上建立默契的合作机制，形成良性互动的沟通环境，构建可复制的机制。陕西省袁家村在由贫穷到小康再到富裕的历史实践中积累了丰富的制度衔接、执行和创新的经验。这些经过长期积淀的底层制度运行经验构成了袁家村乡村振兴的基础和进一步创新的源头活水。

袁家村位于陕西省礼泉县烟霞镇，地处关中平原腹地，是国家AAAA旅游景区、中国十大美丽乡村、全国乡村旅游示范村、中国十佳小康村。我们基于2019年10月和2020年1月对袁家村的两次田野调查以及随后的电话跟踪调查，运用历史制度主义的理论范式和方法，从整体性的历史脉络分析脱贫攻坚和乡村振兴政策衔接过程中的历史演化逻辑，以便为全国其他同类型村庄实现由脱贫到振兴的衔接提供借鉴。

第二节 政策衔接中的制度拼图：袁家村的政策衔接过程

袁家村近50多年的发展历程，可以完整呈现在政治稳定时期的制度拼图与制度变迁的细节。20世纪70年代至今，袁家村的发展经历两次较大的政策转型：一次是20世纪70年代末到80年代初的家庭联产承包责任制改革；另一次是2006年农业税改革时期由乡镇企业到民宿旅游和休闲农业的转型。

一、依赖式取代：以“小段包干”呼应“包干到户”

“取代”是指为了适应发展需求，移除既有的规则代之以新的规则，是制度变迁中“交互并存”阶段的一种渐进性变迁模式。中国作为一个广土众民的大国，制度变迁中的“取代”并不一定是立即、剧烈的改变，而更有可能是因地制宜的渐进过程。尤其是当引入新制度而直接挑战了既有制度的作用时，取代会缓慢发生。1956年到1978年是我国农村土地制度的集体化时期。在这一时期的人民公社土地制度为“三级所有，队为基础”，土地归生产队集体所有，集体经营，普通农户仅有少量的自留地。普通农民的生活状况与生产队和人民公

① 奥菲欧·菲奥雷托斯，图利亚·费勒提，亚当·谢因盖特，等.政治学中的历史制度主义[J].国外理论动态，2020(2):112-126.

② 马得勇.历史制度主义的渐进性制度变迁理论：兼论其在中国的适用性[J].经济社会体制比较，2018(5):158-170.

社集体有着直接的联系。党的十一届三中全会以后,人民公社时期“集体所有,统一经营”的制度逐步被家庭联产承包责任制所取代。从袁家村历史发展进程来看,这种“取代”是一个渐进的过程。在村支部书记郭裕禄的带领下,袁家村在改革开放前已经是远近闻名的农业学大寨先进集体。家庭联产承包责任制的整体性体制改革环境对袁家村的集体经营模式形成了结构性压力。“包干到户”即交足国家的,留足集体的,剩下的都是自己的,这种制度规则与袁家村人均不到2亩土地,分户经营难以养家糊口的实际情况不相符合。袁家村党支部没有僵化地执行国家政策,而是根据“宜分则分,宜统则统”的中央文件精神因地制宜地创造出了“集体经营,小段包干,定额管理,按劳分配”的部分取代策略。首先,保留了集体经营的优势,统一经营村集体的土地,统一使用农具和其他设施设备,统一计划管理,统一核算,统一分配。其次,实行严密的专业分工,小段承包,责权利到人。这样既发挥了专业技术人员的特长,又利用“小段承包,责权利到人”,激活了个体村民的积极性。最后,积极探索市场化机制,发挥承包制的管理优势。袁家村各村办企业实行经营承包制和厂长、经理任期目标责任制,村集体与企业签订合同,以销定产。

在上述制度创新原则下,袁家村顺应改革开放初期国家的政策,依托村集体农工商一体发展,实现了从温饱到小康的跨越。1979年国家出台《关于发展社队企业若干问题的规定(草案)》,袁家村开始发展社队企业。1983年全国执行农村家庭联产承包责任制,乡镇企业开始进入大发展时期,各种乡办、村办、镇办和合作办企业崛起。此时,袁家村也开始建设水泥厂、石灰窑、硅铁厂、水泥预制厂、汽车运输队、建筑公司等多个企业。1993年袁家村成立了农工商联合总公司。从此,袁家村成为闻名全国的小康典范。在改革开放初期大刀阔斧的经济社会改革大氛围中,袁家村的制度变迁一直保持渐进性的变迁与衔接。在市场化、私有化洪流中,袁家村村集体始终发挥着重要作用。

二、拓展式漂移:由双层经营拓展至多层经营

渐进性制度变迁中的漂移是指既有的规则保持不变,但随着外部环境发生重大变化,原有制度规范能力减弱,抵制或者不执行制度规则的力量开始滋长,原有制度运行结果发生变形。漂移的发生源自于行动者未能及时适应环境的改变,积极保持制度的作用。2000年以后我国农村总体上仍然坚持“家庭联产承包责任制为基础、统分结合的双层经营”制度,但随着农业税的取消,农户不再承担对国家和集体的责任[①],农民大量进城务工,村集体的控制和服务能力急剧下降。在市场化改革持续大踏步推进的整体环境下,农村基本经营制度在悄然间发生了漂移。这一阶段袁家村经历了由盛转衰到转型发展的衔接期。

2000年以后,国家出台关停“五小”企业的相关政策,袁家村的村办企业由于高污染、高耗能等问题遭遇发展瓶颈,纷纷关门。袁家村村民被迫进城务工,村庄开始出现空心化的问题。2006年,郭裕禄的儿子郭占武经群众推选、组织考察成为袁家村第二代“掌门人”。以郭占武为首的新一届袁家村两委班子带领袁家村人外出考察学习,逐步摸索出了一条“休闲文化兴业、旅游富民增收”的乡村振兴道路。在此过程中,袁家村对于国家政策的创新性执行主要体现为拓展式漂移,由统分结合的双层经营漂移到统分结合的多层经营。

① 杨宏力.新中国农村基本经营制度变迁的历史逻辑、理论逻辑和实践逻辑[J].现代经济探讨,2021(7):112-122.

首先，"统"的主体扩围[①]。在坚持家庭承包为基础的统分结合双层经营体制总体不变的前提下，袁家村创造性地发展出了集体统一经营与多元社会主体相互联合、共同发展的模式。袁家村集体旅游相关产业经营主体呈现多元化发展态势。2007年，袁家村成立陕西关中印象旅游公司，此后2007年到2011年由村集体和村民合资兴建农家乐街、康庄老街小吃街和作坊街。2012年以后逐步成立醪糟合作社、小吃街合作社以及作坊合作社等14家股份合作社、8家"前店后厂"实体子公司、15家袁家村城市体验店。

其次，村集体与村民个体合作经营形式的拓展。袁家村的旅游相关行业经营模式中有家庭经营、集体经营、合作经营、企业经营等多种的经营方式，拓展了集体所有权的组织实现形式。在袁家村，农民集体政治、社会、经济功能开，组织载体分设，形成袁家村党支部管党建，村民委员会管社会治理，集体资产管理公司（陕西关中印象旅游总公司）管经济的三位一体组织格局。袁家村个体村民凭借土地、资金入股的形式间接成为公司的"员工"或"股民"[②]，探索形成了集体所有加股份合作的集体经济股份制合作模式。

最后，村集体的功能转化。在大力发展旅游产业致富的过程中，袁家村村集体的服务功能由一般的社会化服务向专业的生产性服务拓展。家庭联产承包责任制改革后，尤其是农业税取消以后，村集体的功能主要包括管理村民日常事务、完成镇政府交办的任务等社会公共服务。袁家村旅游产业的发展要求村集体承担村庄旅游产业发展规划、进驻企业的管理、本村村民和外来商户之间的利益协调统筹等职能，这就大大拓展了村集体的功能。袁家村逐步形成了农村土地集体所有，家庭承包经营为基础，合作与联合为纽带、社会化服务为支撑的立体式复合型现代农业经营体系。

总之，运用渐进性制度变迁的理论视角对袁家村由温饱到小康进而实现乡村振兴，农民共同富裕的发展历程展开回溯性历史分析，可以看到农村基本经营制度由"集体所有，集体经营"到"家庭联产承包责任制为基础，统分结合的双层经营"再到"集体所有，家庭经营为基础的多层经营"的渐进性变迁过程。袁家村在这一进程形成中摸索出来的衔接机制对于全国其他同类村庄实现由脱贫攻坚到乡村振兴的有机衔接具有重要的借鉴意义。

第三节　机制的涌现：袁家村政策衔接的渐进变迁机理

历史制度主义认为行为主体在特定的制度脉络中与既存制度的交互共变构成了制度渐进性变迁的演化过程和机制。制度演化过程往表现为多种机制的涌现。涌现本质上是指整体大于部分之和，在组织运行中体现为一些低层级的社会现象叠加后发展出了叠加前没有的性质[③]。涌现机制体现为一种组织整合效应、合作协同效应和规模效应。袁家村由脱贫到富裕的政策衔接过程中存在三种机制，即试点机制、组织学习和动态适应机制、统合治理机制。三种机制互相促进并最终涌现出袁家村独特的治理模式，这种模式助推袁家村逐步实现从脱贫到小康再到富裕的有序衔接和转型升级。

① 周振，孔祥智．新中国70年农业经营体制的历史变迁与政策启示[J]. 管理世界，2019,35(10):24-38.

② 郭占锋，李轶星，张森，等．村庄市场共同体的形成与农村社区治理转型：基于陕西袁家村的考察[J]. 中国农村观察，2021(1):68-84.

③ 赵鼎新．论机制解释在社会学中的地位及其局限[J]. 社会学研究，2020(2):1-24.

一、渐进性制度变迁中的试点机制

试点机制是“一种政策创新和扩散方式，它是指在一项新的公共政策全面付诸实施之前，预先在一定的地域内试行，以便探寻政策执行的精细方法，预估政策实施的政治、经济和社会效果及影响，为下一步全面推广积累经验的政策过程”①。试点机制是保证政策持续创新和有效衔接的重要方法，充分体现出制度变迁的渐进性特征。如何实现新旧政策的有序衔接和过渡是选点先行先试的首要内容。袁家村在两次重大转型衔接过程中，典型试验，逐步推开的方法为袁家村发展赢得了先机，提供了保障。

1. 试点中的国家权力嵌入给政策衔接提供运行空间

在先行先试中探索、学习是制度变迁过程中的一个必不可少的尝试性、过渡性环节。这样的过渡需要有从上到下的组织权力支持。“上级领导对基层试验的鼓励和保护是一种潜在的‘政策保障’机制，这个机制对于基层开拓性的试验起到了决定性的作用”②。党的十一届三中全会以后，在集体统一经营到“包干到户”的政策转型过程中，袁家村没有照搬全国其他地方的模式，而是创造性地探索出了能兼顾集体统一经营和家庭承包经营两者优势的策略。袁家村能实现两种制度的有序衔接主要原因有两点：首先是原有集体经营优势明显，领导高度重视。袁家村是农业学大寨的典型，具有明显的集体经营优势。“那时候袁家村是先进村，当时我们的村的粮食产量上去了，一上去了组织就重视了，就来看一下袁家村的发展咋样”③；其次是高层领导给袁家村现行先试的政策创新空间。对于分田单干的中央政策，“群众不愿意分，那时候群众积极性很高，但谁支持你呢，正好那时候中央来了个领导，说群众不愿意分就不分，咋能调动群众积极性咋能对集体有利就咋搞”④。“袁家村是过去的典型，领导来之后把这情况一汇报，说给我们大力支持，这时候群众干劲就来了”⑤。

2. 以试点为单位的资源动员为政策创新性衔接的启动提供支持

利益激励是各个地方政策创新启动的源动力。改革开放后，在渐进性制度变迁过程中，中央和各级地方政府往往通过发掘和选树典型，集中优势资源向典型单位倾斜，让试点单位先行动起来，在试错式的改革中逐步摸索政策革新的方法。试点机制是国家力量助推政策衔接的重要手段，在制度变迁和衔接的初期发挥着重要的启动作用。在袁家村乡村旅游起步之初，礼泉县委政府以袁家村为试点探索乡村旅游发展的新路径，在基础设施、公共服务和配套上向袁家村倾斜。县财政每年列支 200 万元专项资金对包括袁家村在内的农家乐进行扶持，在工商、卫生、消防等手续审批上实行简化，并减免收费。2010 年，礼泉县委、县政府从空间布局和规划引领上，推进袁家村乡村旅游升级，以打造重点镇烟霞镇为县域副中心，将袁家确定为城乡一体化试点村，实施烟霞镇、袁家村镇村一体化建设。礼泉县委、县政府在 2012 年陆续推出《关于加快推进现代农业发展的实施意见》《关于加快发展休闲农业和乡村旅游的意见》《关于推进统筹城乡发展加快城乡一体化进程的实施方案》《关于加快

① 穆军全. 政策试验的机制障碍及对策 [J]. 中国特色社会主义研究, 2015(3):57-62.
② 韩博天, 石磊. 中国经济腾飞中的分级制政策试验 [J]. 开放时代, 2008(5):31-51.
③ 资料来源:《袁家村老干部访谈资料》。访谈资料编号:20200115WZX。
④ 资料来源:《袁家村老干部访谈资料》。访谈资料编号:20200115WZX。
⑤ 资料来源:《袁家村村民访谈资料》。访谈资料编号:20200113ZCJ。

实施“旅游兴县”战略的决定》《关于促进农民增收“一县一策”实施意见》。这些文件的发布和实施，为袁家村的创新试验营造了有利的环境，明确了发展方向，为政策衔接和过渡期发动更多村民参与乡村旅游项目提供了坚强的后盾。

总之，试点机制是中国特色的渐进性制度变迁的独特模式。这一独特模式在政策制定和执行层面的优势需要系统的挖掘。经过研究发现，试点机制落实的底层逻辑和微观机制当下学术界讨论较少。袁家村在长期的改革实践中积累了丰富的试点经验，为中国渐进性政策衔接中的试点机制研究提供了丰富的素材。

二、政策衔接中的组织学习和动态适应机制

鉴于中国特有的超大规模国家治理的国情，中央制定总体政策后会允许地方便宜行事，地方政府也会在中央政策执行中自觉地加入各自偏好，创造性地贯彻中央精神，解决地方治理难题。正是在这种创造性地解释、因地制宜地执行的过程中，制度在悄然地放生渐进性的变迁。尤其是在新旧制度的过渡衔接期，制度与解释、制度与执行之间存在着大量的自由裁量空间。如何在过渡中谋发展，在发展中求适应，这考验着各地行动主体的适应性治理能力。组织的适应性治理能力是指，面对组织内外环境变化等因素形成的非线性变化、不确定性和复杂性时，组织管理者发现和纠正现有缺陷，接受新信息，学习新知识，尝试新方法，应对新挑战，改进组织制度运作的能力。因此，组织学习能力是组织适应能力的前提和基础。组织学习过程是一个不断探索试错的过程，也是一个不断适应的过程。袁家村模式成功的政策衔接源于其组织中蕴含着一以贯之的组织学习机制。

袁家村的学习制度是“全民学习”+“终身学习”制度，并不是给予一个结业证书就结束了，而是在其日常经营和生活过程中周期性反复地进行，以保证村里的精英们能够与时俱进、不断地更新其知识与技能，掌握乡村旅游或者相关产业发展形势的最新消息，吸纳新的治理技术，调整其经营策略，保证了在面对变动不居的市场环境形势时具有一种适应能力和弹性。

首先，营造组织学习氛围，搭建组织学习平台。经过深度访谈发现，在袁家村政策转型衔接的关键节点，村党支部总会带领群众深入学习。比如在20世纪袁家村办水泥厂之前，老书记郭裕禄带着村民去到其他县的水泥厂学习，办农家乐之前新书记郭占武又带着村民到省内省外考察学习。“学习，武装村民的思想，不开会就学习，不学习就大干”①。这种农业学大寨时期形成的工作机制一直延续下来，对袁家村集体建设起到了非常大的作用。

现在袁家村积极打造农村学习培训的创业平台，让农民通过学习提升技能，发家致富。以袁家村关中印象体验地为载体，通过袁家村农民学校对村民进行教育和培训，使村民初步具有经营能力和服务意识。袁家村设立农民学校和各种培训班，定期邀请老书记郭裕禄、八个作坊合作社的社长、民宿的老板、商户以及村民等人分享各自的创业经历和经营经验。富裕起来的袁家村还为村民提供各种德行素养提升的平台，比如针对村民收入急剧增长以后有可能出现的心理膨胀、攀比炫富等不良风气，袁家村设立了道德讲堂和明理堂，由村干部组织全体村民对出现上述苗头性问题的村民进行教育，并进行忆苦思甜活动。通过持续不断地集体学习和教育引导，袁家村的村民和商户深刻认同“人人为我，我为人人”的集体主

① 资料来源：《袁家村村民访谈资料》。访谈资料编号：20200113GZF。

义观念，共同努力，守护好“袁家村”这一金字招牌。

其次，干中学，在竞争实践中学习。历史制度主义理论认为制度变迁是一个持续的调整和学习过程，学习是制度变迁的起点①。学习机制的最基本维度是知识的迁移，即要利用某时、某地有关政策或制度的经验教训来调整此时、此地的政策或制度。从2000年前后开始探索发展致富新路，到2006年最终确定发展乡村民宿旅游，袁家村对发展致富路径的抉择经历了较长时间的观察探索和学习借鉴。优胜劣汰、适者生存是“社会—生态”对当下组织制度提出的直接挑战。袁家村通过构建内部竞争机制来迫使村民和商户持续不断地在技能和知识方面进行投资以求生存。这些技能和知识被村民和商户习得以后，形成了袁家村人对市场最前沿机会和选择的感知，进而逐渐地推进了制度的创新性变迁。袁家村党支部根据优胜劣汰的市场法则，对所有项目和商户进行动态管理。各个经营主体在激烈的市场竞争中不断学习，及时习得并引进最新业态，逐步淘汰无效供给。经过市场选择，发现和确定优势项目，并加以扶持和培育。同时，还进一步考察市场前景，评估风险和效益。最终确定具有良好市场前景，又可以扩大再生产、进行产业化运作的优势项目。

三、政策衔接中的统合治理机制

组织是制度变迁的最重要推手之一，组织既是制度变迁的直接推动者，又是制度变迁的结果②。组织作为黏合剂，统领组织中个体行为，整合与协调制度变迁中行动者的行为分歧。当旧制度开始发生漂移，逐渐失去其原有的制度效能而新制度尚未形成的关键阶段，新旧制度临界转换衔接需要组织提供转化的媒介。袁家村在两次重大政策转型中，村党支部起到重要的引领和塑造作用。

首先，党支部始终是袁家村政策转型衔接的核心行动者。核心行动者是制度变迁的主要推手，其行动资源和行动能力是制度变迁的重要变量③。核心行动者所掌握的行动资源包括物质基础、正式组织权力和组织成员认同等。1964年至1970年，袁家村的领头人如走马灯般换了35茬，当时村里的贫困状况是“耕地牵不出牛、点灯买不起油、干活选不出头”。1970年，郭裕禄回袁家村担任第36任生产队长，他带领袁家村人通过打井、修渠、修路，改变最基础的农业生产条件，取得粮棉连年丰收，产量翻番，解决了袁家村人的温饱问题。基于此，郭裕禄和袁家村党支部赢得了袁家村人的普遍信任和拥护。这为以后袁家村发展和转型奠定了坚实基础。

改革开放初期，在农村基本经营制度转型过程中，袁家村党支部展现出超常的组织和行动能力。党支部因地制宜地执行国家政策，党员干部带头发展水泥厂、海绵厂、硅铁厂等20多个企业，顺应了体制改革大势，实现了传统农业到村集体工业的转型，完成了袁家村从温饱到小康的跨越。2006年以后，以郭占武为书记的袁家村党支部担负起重振袁家村的历史使命。他们团结一致，带领袁家村村民走出了一条“休闲文化兴业、旅游富民增收”的共同富裕道路。总之，在袁家村的调研过程中，村民和干部对于袁家村道路的讲述最多的就是“在党的领导下，村两委班子团结一切可以团结的力量，因地制宜发展产业，最终带领全村

① 李振．制度学习与制度变迁：新制度主义进展[J]．比较政治学研究，2013(1):53-62.

② 杨光斌．政治变迁中的国家与制度[M]．北京：中央编译出版社，2011：18.

③ 沈荣华，王扩建．制度变迁中地方核心行动者的行动空间拓展与行为异化[J]．南京师大学报(社会科学版)，2011(1):14-22.

农民实现共同富裕"[①]。

其次，党支部统合的互嵌共生机制。组织是制度的载体，在制度变迁过程中，组织是推进制度演化的核心行动者。村级党组织将党的行动逻辑、意识形态、价值导向嵌入村两委和村庄社会组织中，在乡村发展中发挥着战略领导和决策中枢作用。改革开放之初，以家庭联产承包责任制为基础，统分结合的双层经营体制改革为农村发展注入了强大的活力。袁家村党支部抓住国家改革政策的红利，充分利用市场机制兴办水泥厂等集体企业。袁家村党支部支委成员成为村办企业的精英，为袁家村集体经济发展壮大发挥党员带头作用。2000年以后，随着现代农业产业化向前推进，个体小农的劣势凸显，"包干到户"制度改革的红利逐渐递减。农村发展面临新的瓶颈，新一轮农业农村改革重新把农民组织起来，与农业产业化、农村现代化相衔接的组织载体和机制。从2006年开始，袁家村在转型发展乡村旅游过程中逐步形成了村集体企业（陕西关中印象旅游公司）、行业管理协会、各类合作社等农民经济合作组织、公共事务志愿组织等多种集体组织形态[②]。组织平台建好后，袁家村党支部和村委会始终发挥统领聚合作用，严格管理约束各类组织，协调组织之间、村民与各类组织之间的利益冲突。党支部以实现共同富裕为目标，创新性地进行股权结构改革，采取包括基本股、混合股、交叉股、调节股、限制股等形式[③]，形成了以产权共有为核心的互嵌共生股份格局。袁家村"党建+市场"的机制确保了从温饱到小康再到振兴的政策衔接过程中，集体经济不断增值、农民收益不断增加、政策衔接稳步推进的态势。

袁家村政策衔接中的政党统合治理机制具有扎实的组织保障。中央政府的决策信息通过科层化的组织网络、以权责分明的压力传导机制从上往下传达落实到基层村庄。同时，党的各级组织与政府层级系统协调一致，形成促进政策衔接落实的双重组织体系。在党中央的统一部署下，地方各级政府部门都设有同级党组。地方各级党委一方面接受上级党组织的领导，另一方面对所在的地方政府部门落实党的领导。这种组织体系设置有利于中央调控政策衔接的总体方向，使地方政府各部门步调一致，有效协同，确保政策预期目标落实到位，提升政策效能。袁家村党支部在此组织保障基础上的机制创新在于形成了一套党员先锋带头，村党委统领集体经济发展，党支部统合乡村社会发展的成熟模式，值得全国其他同类村庄借鉴。

---

① 资料来源：《袁家村村干部访谈资料》。访谈资料编号：20200113GJW。

② 黄鑫，邹统钎，储德平．旅游乡村治理演变机理及模式研究：陕西袁家村1949—2019年纵向案例研究[J]．人文地理，2020(3):93-103.

③ 吴正海，范建刚．资源整合与利益共享的乡村旅游发展路径：以陕西袁家村为例[J]．西北农林科技大学学报（社会科学版），2021(2):70-79.

结　语

强化嵌入机制建设　推进由脱贫到振兴的有效衔接

党的十八大以来，我国农村贫困治理工作取得举世瞩目的成就，历史性地解决了绝对贫困问题。解决绝对贫困问题后，我国面临的直接任务是巩固提升脱贫成果，保持现有政策总体稳定，推进全面脱贫与乡村振兴战略有效衔接。有效衔接既包括宏观层面两类不同政策的彼此对应、承接、互联互通，也包括中观、微观层面两类不同的政策主客体之间因政策承接而产生的动态社会影响和互动关系。通过对改革开放以来我国农村扶贫政策变迁的内在逻辑和现实运行过程的深入研究发现，我国精准扶贫政策运行中存在三种嵌入机制，即组织动员、干部驻村和项目下乡。我国在脱贫攻坚过程中形成的三种嵌入性机制，在脱贫与振兴的过渡衔接阶段依然将发挥重要作用。本书借鉴嵌入性国家自主性理论、历史制度主义的分析方法，从整体性的脱贫攻坚过程中的组织动员、干部驻村和项目下乡三种嵌入机制的运行逻辑及其未来发展趋势。最终目的在于从国家、政党、社会嵌入协同的视角，形塑基层官员的责任政治观念，构建政府组织内部跨部门协同机制，探寻政府与企业、农户之间伙伴式协作机制。

一、以激发农民主体性为中心，推进由脱贫到振兴的有效衔接

国家自主性的强大并不只是意味着国家机构对社会的全面渗透，也不仅仅是成功地汲取资源，维持正常运转。它还包括为特定目标恰当地分配公共资源和规制民众的社会行为的能力。嵌入式国家自主性建设所要达到的目标是国家有效嵌入社会，政府官员能从公共责任伦理的本位出发，按照自己的偏好执行决策细则，并能在此过程中时刻管控或过滤社会强势利益集团的偏好。在精准扶贫政策制定和执行的过程中，国家自主性的彰显主要体现为国家有能力制定和实现公共资源的再分配，使得扶贫资源能精准地覆盖到贫困人群，避免出现“文本脱贫”“精英俘获”等资源分配不到位和不公平的问题。从上述描述中，我们可知分化社会中，强势利益集团的介入是国家自主性流失，扶贫政策瞄准性偏离的重要原因。

国家和社会互动协调的理论可以从国家和社会两个层面来分析。贫困治理是从1949年以来历届政府工作重心之一。从国家组织机构的设置、人员配备、资源调拨等各个层面，国家层面的建设和投入一直在增加。但扶贫政策落实的瞄准性偏离问题却一直存在。究其根本可能在于国家一味地以绝对主体的角色利用动员式的运动治理方式解决贫困引起的社会矛盾，通过项目制把管理权力上收，通过干部驻村来加强对社会的渗透，而忽视了社会建

构。精准扶贫政策的落地必然伴随着多元行动主体的竞争、对话、协商。如果精准扶贫的过程还是政府一味地单打独斗、单向强制，而社会组织孱弱，大众参与机制不健全，民众还没有便捷的渠道来合理表达自己的利益诉求，那么，再多的机制设计也难以阻挡强势社会力量的曲解和分化。社会建构中的元问题是“公民权利的有效维护。”公民权利的维护与国家自主性的提升并不矛盾，而是相互促进的关系。公民权利维护和扩张一方面可以加强民众对公权力的监督，减少精准扶贫政策落实中的公权力腐败问题，确保扶贫资源精准分配。另一方面，公民权利的维护和拓展协助国家解决强势利益集团扭曲国家自主性，同时也解决扶贫资源分配中精英俘获的问题。“理论与观念的进步是一个社会最具实质意义的进步。”公民权利的维护前提是在社会治理过程中各个主体都有逻辑在先的公民权利观念。公民权利并不仅仅是写在宪法和法律条文中的文字表述，而是深刻地体现在社会治理的每一个细节中。在精准扶贫项目落实中，以“公共利益”名义侵害公民权利的案例时有发生，让公民权利的观念融入社会治理过程任重而道远。

当下，由脱贫到振兴的政策衔接是机制建设的最直接目标。政策衔接是制度变迁过程中的一个必不可少的尝试性和过渡性环节。这样的过渡必然要有组织才会有任何可能制胜的机会。现有的关于从脱贫攻坚到乡村振兴的理论研究大多从国家这一大的组织整体性框架思考衔接的路径和方法。本项目的研究则表明底层村庄和农民是政策衔接中最直接、最有活力的组织行为主体，是决定政策衔接能否成功的决定性力量。从袁家村成功实现从脱贫到振兴的跃升过程来看，政策衔接不是理论化、理想化制度设计的产物，而是普通农民、底层村庄、基层干部在与国家政策互动的过程中一步步走出来的。制度变迁并不总是剧烈的激变，而是大多呈现为缓慢的渐变。制度衔接是制度延续和变迁的过渡带。制度衔接是否顺畅、制度落实是否顺利取决于制度变迁的核心行动者、底层参与者在对话、协商的基础上建立默契的合作机制，形成良性互动的沟通环境，构建可复制的机制。

因此，以农民为中心，让理论上的制度变迁主体在现实的政策衔接中切实受惠，深度参与是最重要的一步。从历史制度主义的视角对袁家村由脱贫到振兴过程的政策衔接研究揭示了作为底层的村庄如何在历史关键时刻，抓住国家整体制度变迁的有利时机来发展自己。袁家村的政策衔接成功源于袁家村党支部始终以满足袁家村村民的切实需求为出发点，在过渡中谋发展，在发展中求适应。在集体化到家庭联产承包责任制的过渡阶段创造出“保留集体经营，小段包干”的发展模式，由此，袁家村村民实现了由脱贫到温饱再到小康的跨越。由小康到富裕的过渡阶段，袁家村以市场化改革、股份化经营，充分激发农民的创造性，实现了共同富裕的目标。

二、以捋顺机制间的主导为抓手，推进由脱贫到振兴的有效衔接

机制间的关系变异是机制运行变异的重要原因。精准扶贫的整体效果在很大程度上取决于不同嵌入机制之间的协同。精准扶贫中组织动员机制下形成的政绩考核压力让驻村干部进村后一味地靠外在的关系网络拉资源、找项目，而忽视村庄资源禀赋与引进项目的契合度，导致村庄发展落入“梅佐乔诺陷阱”。同样是基于组织动员的压力，一些帮扶干部以完成“政治任务”的方式来应对扶贫任务。他们认为精准扶贫就是一对一地通过社会捐赠、政策扶持、项目资助，让贫困户达到脱贫标准。不管通过什么样的方式，只要保证贫困户当年

收入超过贫困线，就算是脱贫了。为了完成扶贫这一“政治任务”，有些干部在拉不到社会捐赠的情况下，甚至自掏腰包给贫困户发放节日慰问品。村庄之间经济发展程度不同，承接项目的能力也有较大的差别。组织动员的压力机制与项目制“结合”后也容易产生扶贫政策落实中的“扶富不扶贫”现象。如此，精准扶贫的三种嵌入机制背离了相互协同的初衷而相互消耗。在精准扶贫的三种嵌入机制运行中，组织动员机制成了三种嵌入之间中的主导机制和支配性机制，而干部驻村和项目下乡成了辅助机制和被支配性机制。这是产生扶贫各种怪象的根本原因。

机制间协同是指为实现预定的政策目标，政策参与主体通过实时分享信息、交流工作进展情况等“沟通—竞合—协同”的合作方式，实现优势互补、资源整合的机制运行模式。精准扶贫过程中时刻存在破坏三种嵌入机制之间相互依赖、平等协作的机会主义行为。国家必须通过治理创新来改变三种嵌入机制运行中形成的支配与被支配的关系，让嵌入机制间回归互赖、平等协作的合理运行关系模式。因此，构建三种嵌入机制之间独立、平等、互赖的协作与监督关系是由脱贫到振兴这一阶段需要重点加强的方面。

首先，夯实干部驻村机制，提升驻村第一书记监督渗透权。基层各市、县政府要赋予驻村第一书记全方位的扶贫政策制定、参与和信息知情权。驻村第一书记要切实承担起监督乡村振兴项目运行、收集和反映民意的职责。驻村第一书记要通过细化和落实扶贫项目信息公开制度，落实村内重要事项的“四议两公开”制度。要通过落实信息公开制度让村民有效监督村干部，打破农村干部与地方政府之间基于“信息权力”的垄断而形成的利益共谋，并借此进一步嵌入乡村微观权力运行结构和过程，破除“权力悬浮”现象带来的乡村振兴项目资金分配中一些干部优亲厚友、暗箱操作等问题。

其次，释放组织动员带来的考核压力，保持组织动员和项目下乡两种机制之间若即若离的互动关系。扶贫效果考核中注重显性的脱贫人数和短期的脱贫成果是扶贫嵌入机制合作变异的根源。因此，在乡村振兴过程中要构建多元化的乡村振兴业绩和支农项目考核评估机制，把农民满意度、乡村振兴项目成效的可持续性、乡村振兴项目的长远意义等指标加入农业农村绩效考核体系，要把乡村振兴政策落实与落后村落整体公共服务水平、经济发展潜力联系起来，把农民的长远发展的潜力作为乡村振兴绩效的核心指标。最重要的是要把这些“柔性”的公共服务指标变成基层政府官员刚性的晋升指标。同时，要保持乡村振兴专项计划独立运行的技术理性特征，严格把控乡村振兴专项资金的使用和管理，引入第三方机制对乡村振兴专项落实情况进行考核评估，尽力避免乡村振兴项目在组织动员机制的压力下形成的异化现象。

最后，加强机制创新，捋顺国家与村庄、国家与农民、农民与农民的关系。制度延续和制度变迁是硬币的两面，其中间过渡带是制度体系内的不同制度之间的互动与衔接。袁家村由脱贫到振兴的政策衔接过程体现出渐进性制度变迁中的“制度拼图”现象，形成了独具袁家村特色的依赖式取代、拓展式漂移等政策衔接演化模式。袁家村模式的成功之处还在于制度变迁中逐步涌现出了一套稳定的交互共变机制。这套机制包括试点机制、组织学习和动态适应机制、统合治理机制三种机制及其相互间的补位赋能。这些机制和模式对于全国其他同类型村庄的转型发展具有重要启示意义。

附录1　HS县贫困退出调查问卷——建档立卡户

（对照调查户扶贫手册，结合提问情况填写）

乡（镇）村组

行政村属性：①贫困村；②出列村；③非贫困村。

户属性：①贫困户；②脱贫户；③返贫户。

第一部分：家庭基本信息

1. 家庭成员基本情况。

序号	姓名	年龄	当前教育情况	当前健康状况

当前教育情况选项：①学前教育；②小学及初中教育；③高中教育；④职业教育；⑤大专及以上教育；无。

当前健康状况选项（可多选）①健康；②患大病；③患慢性病；④级残疾。

2. 调查户主要致（返）贫原因（可多选）：①因病；②因残；③因学；④因灾；⑤因婚；⑥缺土地；⑦缺水；⑧缺技术；⑨缺劳力；⑩缺资金；⑪交通条件落后；⑫自身动力不足。

3. 调查户识别退出程序是否规范？①是；②否。

第二部分："两不愁、三保障"情况

4. 核查调查户扶贫手册登记收入，确定调查户动态调整时认定的收入达标情况是否符合实际？①是：②否。

是否符合政策要求？①是；②否

5. 家里吃的粮食够吗？①够；②不够。

如"不够"，原因是什么。

6. 家里吃水困难吗？①不困难；②困难。

如"困难"，原因是什么。

7. 家里缺不缺衣服？①不缺；②缺。

如"缺"，原因是什么。

8. 你家有没有自己的房子？①有；②没有。

（1）如“有”且住房条件较好，直接判定住房安全；如住房条件差，存在哪些问题。

（2）如“没有”，现在居住的房子是谁的？①子女的；②亲戚朋友的；③敬（养）老院的；④租别人的；⑤其他。

如是“租别人的”，能不能负担得起房租？①能；②不能；③不用付房租。结合现场查看或住建部门鉴定结果判定房子是否安全？①是；②否。

9. 如家里有义务教育阶段学生，询问如下问题：

（1）2018年孩子享受过哪些扶持政策？（可多选）①免费营养餐；②寄宿补贴；③其他。

（2）孩子上学有困难吗？①有；②没有。

如“有”，请说明是什么困难？

（3）如孩子辍学，原因是什么？①家庭负担不起；②不想上学，自己放弃；③身体条件不允许；④其他。

10. 如家里有其他在校学生，询问如下问题：

2018年享受过哪些政策？（可多选）①助学贷款；②补助或补贴；③免除高中生学杂费；④其他。

11. 家里参加了哪些医疗保障项目和救治救助活动？（可多选）①新农合；②大病保险；③大病医疗救助；④家庭签约服务；③其他。

新农合保险费是怎么交的？①自己全额负担；②政府全额补贴：③自己交了一部分，政府补贴了一部分。

12. 2018年，你家有没有人住院治疗过？①有；②没有。

如“有”，有没有交过押金？①有；②没有。

出院时有没有直接办理报销？①有；②没有。

如“没有”，是怎么报销的？

治疗总共花了多少钱？报销了多少？报销比例是多少。

13. 2018年，你家有没有大病或严重慢性病病人没去治疗的？①有；②没有。

如“有”，原因是：①不愿意看；②看不起病；③不知道怎么看病；④其他原因。

第三部分：扶贫政策落实情况

14. 调查户2018年获得了哪些帮扶措施？（可多选）：①产业扶贫；②就业扶贫；③易地扶贫搬迁；④农村危房改造；⑤扶贫小额信贷；⑥低保救助；⑦其他帮扶措施：⑧没有获得帮扶。

如没有任何帮扶措施，直接了解第22项问题。

15. 如获得产业扶贫项目支持：

（1）参加产业扶贫项目的方式是：（可多选）①直接获得生产补贴，发展家庭生产经营；②用政府支持资金入股，组建合作社，或加入合作社和企业生产经营；③政府支持资金给合作社或企业使用自己只享受分红收益；④政府支持资金给合作社或企业使用，自己既享受分红收益，又为其提供原料、产品或打工；⑤其他方式。

（2）如获得了生产补贴，是什么补贴？发挥了什么作用？

（3）如入股合作社或企业参与生产经营，参与的情况如何？效果怎么样？

（4）如是获得分红收益，分红的金额是多少？占政府扶持到户资金的比重是多少？分红有没有落实？①有；②没有。如“没有”，原因是什么？

（5）如是为合作社提供原料、产品或打工。提供原料、产品的效益怎么样？打工收入怎么样？

16. 如获得了就业扶贫帮扶：

（1）家里有没有人参加过培训？①参加了；②没参加。

如果参加了，是什么培训？培训产生了什么效果？（可多选）①改进了种养方法；②实现了务工就业；③开始了创业；④与以往没什么变化。

（2）就业扶贫项目有没有帮助家里劳动力实现就业？①有；②没有。如实现就业，是什么岗位？收入怎么样？

17. 如获得了易地扶贫搬迁项目支持：

（1）项目是怎么实施的？①原址重建；②分散安置；③集中安置。

（2）安置房面积多大？政府补贴了多少？家里负担了多少？家里负担的资金是哪来的？

（3）是否住进了安置房？①是；②否。

如没有入住，原因是什么？①项目未完工；②已完工，还在办理房屋交接手续；③已交接，尚未装修；④生活居住、教育医疗和家庭经营、务工不方便。⑤其他。

如已入住，搬迁后政府有什么后续帮助？

现在还有什么困难？

18. 如享受了农村危房改造项目支持：

（1）房子改造了什么地方？改造后，县里有没有进行鉴定？①有；②没有。住房是否安全？①是；②否。

（2）改造住房政府补贴了多少？自己负担了多少？家里负担的资金是哪来的？

19. 如获得扶贫小额信贷支持：

（1）贷了多少钱？贷款年限是几年？银行有没有要求抵押和担保？①有；②没有。

（2）贷款利息（率）是多少？政府是怎么补贴利息的？你家是怎么还利息的？

（3）贷款方式是：①户贷自用；②户贷企用。

如选①，贷款做什么用了？如选②，贷款给谁用了？

你家得到了什么收益？今年有没有兑现？①有；②没有。如没有兑现，原因是什么？

20. 如有家庭成员享受了低保：

（1）你家享受低保的人是谁？每月发放低保多少元？

（2）你认为家里其他人还应该享受低保吗？①应该；②不应该。如果“应该”，原因是什么？

21. 如享受了其他帮扶措施。请说明具体是什么帮扶？帮扶效果怎么样？

22. 2018 年你家的结对帮扶干部给了什么帮助？（可多选）①帮助经营；②帮助外出打工和就业；③帮助盖（修）房子；④帮助看病；⑤帮助孩子上学；⑥帮助获得各种救助；⑦走访慰问送钱送物；⑧其他帮扶措施；⑨没有给予帮扶。

23. 你家目前还有什么困难？还希望政府提供什么帮助？

附录 2　HS 县贫困退出调查问卷——非建档立卡户

（非贫困户）

乡（镇）村组

行政村属性：①贫困村；②出列村；③非贫困村。

户属性：①贫困户；②脱贫户；③返贫户。

1. 询问了解年度收入情况。

<table>
<tr><th colspan="2">收入项目</th><th>收入金额</th><th>扣除相关支出</th><th>可支配收入</th></tr>
<tr><td rowspan="3">生产经营性收入</td><td>种地收入</td><td></td><td></td><td></td></tr>
<tr><td>养殖收入</td><td></td><td></td><td></td></tr>
<tr><td>其他经营收入</td><td></td><td></td><td></td></tr>
<tr><td rowspan="2">工资性收入</td><td>固定就业收入</td><td></td><td></td><td></td></tr>
<tr><td>打零工收入</td><td></td><td></td><td></td></tr>
<tr><td rowspan="3">财产性收入</td><td>租赁收入</td><td></td><td></td><td></td></tr>
<tr><td>分红收入</td><td></td><td></td><td></td></tr>
<tr><td>其他</td><td></td><td></td><td></td></tr>
<tr><td rowspan="5">长期稳定转移性收入</td><td>养老金</td><td></td><td>—</td><td></td></tr>
<tr><td>赡养金</td><td></td><td>—</td><td></td></tr>
<tr><td>离退休金</td><td></td><td>—</td><td></td></tr>
<tr><td>退耕还林还草补偿款</td><td></td><td>—</td><td></td></tr>
<tr><td>生态补贴（偿）</td><td></td><td>—</td><td></td></tr>
<tr><td rowspan="4">长期稳定转移性收入</td><td>农业支持保护补贴</td><td></td><td>—</td><td></td></tr>
<tr><td>五保金</td><td></td><td>—</td><td></td></tr>
<tr><td>低保金</td><td></td><td>—</td><td></td></tr>
<tr><td>其他</td><td></td><td>—</td><td></td></tr>
<tr><td colspan="2">合计</td><td></td><td></td><td></td></tr>
</table>

2. 家里吃的粮食够吗？①够；②不多。如“不够”，原因是什么。

3. 家里吃水困难吗？①不困难；②困难。如“因难”，原因是什么。

4. 家里缺不缺衣服？①不缺；②缺。如“缺”，原因是什么。

5. 你家有没有自己的房子？①有；②没有。

如“有”且住房条件较好，直接判定住房安全：如住房条件差，存在哪些问题。

如“没有”，现在居住的房子是谁的？①子女的；②亲戚朋友的；③敬（养）老院的；④租别人的；⑤其他。

如是“租别人的”，能不能负担得起房租？①能；②不能；③不用付房租。结合现场查看或住建部门鉴定结果判定房子是否安全？①是；②否。

6. 如家里有义务教育阶段学生，询问如下问题：

（1）孩子上学有困难吗？①有；②没有。如“有”，请说明是什么困难。

（2）如孩子辍学，原因是什么？①家庭负担不起；②不想上学，自己放弃；③身体条件不允许；④其他。

7. 家里参加了哪些医疗保障项目和救治施助活动？（可多选）①新农合；②大病保险；③大病医疗放助；④家庭签约服务；⑤其他。

8. 2018 年，你家有没有人住院治疗过？①有；②没有。

如有住院治疗，治疗总共花了多少钱？报销了多少？报销比例是多少？

9. 2018 年，你家有没有大病或严重慢性病病人没去治疗的？①有；②没有。

如“有”，原因是：①不愿意看；②看不起病：③不知道怎么看病；④其他原因。

10. 你家有没有负债？①有（负债______元）：②没有。

如“有”，负债的原因是（可多选）：①看病：②建房；③孩子结婚④孩子上学：⑤发展种养业；⑥其他。

11. 你家目前有什么突出困难？希望政府提供什么帮助？

附录 3　第一书记和驻村工作队成员访谈提纲

（1）请介绍一下帮扶村的基本情况。包括贫困现状、致贫原因、生产就业、教育卫生、产业发展、基础设施建设等方面，特别是“两不愁三保障”实现情况。

（2）你的帮扶村在 2019 年实施过哪些扶贫政策和项目？这些政策和项目是怎样实施的？

（3）在驻村帮扶中，你们做了哪些工作？怎么开展的？效果怎么样？

（4）村里建档立卡识别退出标准和程序是什么？具体是怎么操作的？

（5）在驻村帮扶中，遇到的主要困难是什么？你是怎么解决的？

（6）你的帮扶村脱贫退出还需要哪些帮助？打算如何解决？

（7）省市县对第一书记和驻村工作队有哪些管理、支持和服务措施？落实的情况如何？你有什么建议？

（8）你自己所在单位对第一书记和驻村工作队有哪些管理、支持和服务措施？落实的情况如何？你有什么建议？

参考文献

[1] 中共中央马思列斯著作编译局 . 马克思恩格斯选集：第 1 卷 [M]. 北京：人民出版社，1995.

[2] 中共中央马思列斯著作编译局 . 马克思恩格斯选集：第 2 卷 [M]. 北京：人民出版社，1995.

[3] 中共中央马思列斯著作编译局 . 马克思恩格斯选集：第 3 卷 [M]. 北京：人民出版社，1995.

[4] 马克思，恩格斯 . 马克思恩格斯选集：第 4 卷 [M]. 北京：人民出版社，1995.

[5] 毛泽东 . 毛泽东选集：第 1 卷 [M]. 北京：人民出版社，1991.

[6] 毛泽东 . 毛泽东选集：第 2 卷 [M]. 北京：人民出版社，1991.

[7] 毛泽东 . 毛泽东选集：第 3 卷 [M]. 北京：人民出版社，1991.

[8] 邓小平 . 邓小平文选：第 1 卷 [M]. 北京：人民出版社，1993.

[9] 邓小平 . 邓小平文选：第 2 卷 [M]. 北京：人民出版社，1993.

[10] 邓小平 . 邓小平文选：第 3 卷 [M]. 北京：人民出版社，1993.

[11] 江泽民 . 江泽民文选：第 1 卷 [M]. 北京：人民出版社，2006.

[12] 江泽民 . 江泽民文选：第 2 卷 [M]. 北京：人民出版社，2006.

[13] 江泽民 . 江泽民文选：第 3 卷 [M]. 北京：人民出版社，2006.

[14] 胡锦涛 . 胡锦涛文选：第 1 卷 [M]. 北京：人民出版社，2016.

[15] 胡锦涛 . 胡锦涛文选：第 2 卷 [M]. 北京：人民出版社，2016.

[16] 胡锦涛 . 胡锦涛文选：第 3 卷 [M]. 北京：人民出版社，2016.

[17] 中共中央文献研究室 . 中共中央文件选集（1949 年 10 月 -1966 年 5 月）第 49 册 [M]. 北京：人民出版社 2013.

[18] 中共中央文献研究室 . 中共中央文件选集（1949 年 10 月 -1966 年 5 月）第 47 册 [M]. 北京：人民出版社 2013.

[19] 中共中央文献研究室 . 建国以来重要文献选编：第十九册 [M]. 北京：中央文献出版社，2011.

[20] 中共中央党史研究室第一研究部第二研究部第三研究部 . 两个历史问题的决议及十一届三中全会以来党对历史的回顾：简明注释 [M]. 北京：中共党史出版社 2013.

[21] 琳达•维斯，约翰•M. 霍布森 . 国家与经济发展：一个比较历史性的分析 [M]. 黄兆辉，译 . 长春：吉林出版集团有限责任公司，2009.

[22] 马克斯•韦伯 . 韦伯作品集：学术与政治 [M]. 钱永祥，译 . 桂林：广西师范大学出版社，2004.

[23] 韩博天 . 红天鹅 中国独特的治理和制度创新 [M]. 石磊，译 . 北京：中信出版社，2021.
[24] 河连燮 . 制度分析 理论与争议 [M]. 李秀峰，译 . 北京：中国人民大学出版社，2014.
[25] 彼得•埃文斯，迪特里希•鲁施迈耶，西达•斯考克波 . 找回国家 [M]. 方力维，译 . 北京：生活•读书•新知三联书店，2009.
[26] 埃里克•诺德林格 . 民主国家的自主性 [M]. 孙荣飞，译 . 南京：江苏人民出版社，2010.
[27] 李侃如 . 治理中国：从革命到改革 [M]. 胡国成，苏梅，译 . 北京：中国社会科学出版社，2008.
[28] 塞缪尔•P. 亨廷顿 . 变化社会中的政治秩序 [M]. 上海：上海人民出版社，2008.
[29] 道格拉斯 • C. 诺斯 . 制度、制度变迁与经济绩效 [M]. 杭行等，译 . 上海：上海人民出版社，2008.
[30] 詹姆斯 • A. 卡波拉索，戴维 • P. 莱文 . 政治经济学理论 [M]. 刘骥等，译 . 江苏：江苏人民出版社，2009.
[31] 洛易斯•惠勒•斯诺 . 斯诺眼中的中国 [M]. 王恩光，译 . 北京：中国学术出版社，1982.
[32] 乔尔 • S. 米格代尔 . 强社会与弱国家：第三世界的国家社会关系及国家能力 [M]. 张长东，译 . 南京：江苏人民出版社，2012.
[33] 青木昌彦 . 比较制度分析 [M]. 周黎安，译 . 上海：上海远东出版社，2001.
[34] 佐佐木毅，金泰昌 . 公共哲学第 2 卷：社会科学中的公私问题 [M]. 北京：人民出版社，2009.
[35] 王长江 . 政党论 [M]. 北京：人民出版社，2009.
[36] 杨光斌 . 政治变迁中的国家与制度 [M]. 北京：中央编译出版社，2011.
[37] 陈家喜 . 政党治理的中国经验：理论构建与案例观察 [M]. 北京：中国社会科学出版社，2020.
[38] 陈毅 . 现代国家构建过程中的国家自主性研究：以中国的现代国家建设为例 [M]. 北京：中央编译出版社，2016.
[39] 曹锦清 . 如何研究中国 [M]. 上海：上海人民出版社，2018.
[40] 曹正汉 . 国家与市场关系的政治逻辑：当代中国国家与市场关系的演变（1949—2008）[M]. 北京：中国社会科学出版社，2014.
[41] 贺雪峰 . 华中村治研究：2016 年卷 [M]. 北京：社会科学文献出版社，2017.
[42] 黄宗智 . 中国的新型小农经济：实践与理论 [M]. 桂林：广西师大学出版社，2020.
[43] 胡富国 . 读懂中国脱贫攻坚 [M]. 北京：外文出版社，2018.
[44] 李祖佩 . 分利秩序：鸽镇的项目运作与治理：2007—2013[M]. 北京：社会科学文献出版社，2016.
[45] 唐世平，文松 . 制度变迁的广义理论 [M]. 北京：北京大学出版社，2016.
[46] 王曙光 . 中国农村 [M]. 北京：北京大学出版社，2017.
[47] 王三秀 . 中国扶贫精细化：理念、策略、保障 [M]. 北京：社会科学文献出版社，2017.
[48] 徐勇 . 国家治理的中国底色与路径 [M]. 北京：中国社会科学出版社，2018.
[49] 徐勇 . 乡村治理的中国根基与变迁 [M]. 北京：中国社会科学出版社，2018.
[50] 徐勇 . 国家化、农民性和乡村整合 [M]. 南京：江苏人民出版社，2019.
[51] 邢成举 . 精英俘获：扶贫资源分配的乡村叙事 [M]. 北京：社会科学文献出版社，2017.

[52] 杨光斌 . 政治变迁中的国家与制度 [M]. 北京：中央编译局出版社，2011.
[53] 于建嵘 . 岳村政治 [M]. 湖南：湖南文艺出版社，2001.
[54] 应星 . 农户、集体与国家：国家与农民关系的六十年变迁 [M]. 北京：中国社会科学出版社，2014.
[55] 朱光磊 . 当代中国政府过程：3 版 [M]. 天津：天津人民出版社，2008.
[56] 周振超 . 当代中国政府“条块关系”研究 [M]. 天津：天津人民出版社，2009.
[57] 赵树凯 . 乡镇治理与政府制度化 [M]. 北京：商务印书馆，2018.
[58] 江泽民 . 全党全社会动员起来为实现八七扶贫攻坚计划而奋斗 [N]. 人民日报，1996-01-06（01）.
[59] 习近平总书记“三农”思想在浙江的形成与实践 [J]. 中国合作经济，2018（2）：12-15.
[60] 亚当•谢因盖特，图利亚•费勒提，奥菲欧•菲奥雷托斯，等 . 政治学中的历史制度主义 [J]. 国外理论动态，2020（2）：112-126.
[61] 蔡晶晶，毛寿龙 . 复杂“社会：生态系统”的适应性治理：扩展集体林权制度改革的视野 [J]. 农业经济问题，2011，32（6）：82-88+112.
[62] 曹立 . 推进精准扶贫与乡村振兴有效衔接 [J]. 中国党政干部论坛，2020（5）：55-58.
[63] 曹胜 . 国家自主性：从“分殊制衡”到“嵌入协同”：理论变革与实践意义 [J]. 比较政治学研究，2018（1）：80-97，263.
[64] 曹志立，孙德超 . 结构限度视阈下精准脱贫的治理结构研究 [J]. 内蒙古社会科学（汉文版），2019，40（1）：39-45.
[65] 陈成文，吴军民 . 从“内卷化”困境看精准扶贫资源配置的政策调整 [J]. 甘肃社会科学，2017（2）：112-117.
[66] 陈浩天 . 从强制到适应：国家与农户互构式治贫进路 [J]. 南开学报（哲学社会科学版），2020（6）：94-102.
[67] 陈明星 . 脱贫攻坚与乡村振兴有效衔接的基本逻辑与实现路径 [J]. 贵州社会科学，2020（5）：149-155.
[68] 陈文胜 . 脱贫攻坚与乡村振兴有效衔接的实现途径 [J]. 贵州社会科学，2020（1）：11-14.
[69] 陈晓宏 .“党建引领文创”助推乡村振兴的新探索：以福建省屏南县龙潭村为例 [J]. 中共福建省委党校（福建行政学院）学报，2020（6）：63-70.
[70] 陈野，王平 . 历史站位与全局关切：习近平关于乡村振兴战略的重要论述 [J]. 浙江学刊，2018（6）：22-32.
[71] 成长春 .“三农”工作重心的历史性转移 [J]. 红旗文稿，2021（5）：32-35.
[72] 程同顺，许晓 . 驻村帮扶下的乡村治理变革：基于 H 省 C 镇 X 村的田野调查 [J]. 江苏行政学院学报，2020（1）：94-103.
[73] 丁波，驻村帮扶下村庄治理主体结构和行动逻辑：基于 T 县两村的实证研究 [J]. 西北农林科技大学学报（社会科学版），2019，19（4）：61-68.
[74] 方菲，张恩健 . 工具理性：精准扶贫实践困境的一个伦理学解释：基于我国中部地区 Z 村的调查 [J]. 华中农业大学学报（社会科学版），2018（3）：116-122.
[75] 丰子义 . 面向新时代的发展哲学 [J]. 北京大学学报（哲学社会科学版），2019，56

(5):5-13.
[76] 冯婷．通向“恶的平庸性”之路 [J]. 社会，2012，32(1)：68-87.
[77] 付寿康，李忠斌．脱贫攻坚与乡村振兴统筹衔接的策略研究：以湖北省为例 [J]. 改革与战略，2020，36(7)：102-110.
[78] 高强．脱贫攻坚与乡村振兴有效衔接的再探讨：基于政策转移接续的视角 [J]. 南京农业大学学报(社会科学版)，2020，20(4)：49-57.
[79] 高强．脱贫攻坚与乡村振兴有机衔接的逻辑关系及政策安排 [J]. 南京农业大学学报(社会科学版)，2019，19(5)：15-23.
[80] 谷志军，陈科霖．责任政治中的问责与避责互动逻辑研究 [J]. 中国行政管理，2019(6)：82-86.
[81] 郭星华，刘朔．中国城乡关系七十年回望：国家权力的下沉、回缩与再进入：有关城乡关系变迁的社会学思考 [J]. 社会科学，2019(4)：81-90.
[82] 郭占锋，李铁星，张森．村庄市场共同体的形成与农村社区治理转型：基于陕西袁家村的考察 [J]. 中国农村观察，2021(1)：68-84.
[83] 韩博天，石磊，中国经济腾飞中的分级制政策试验 [J]. 开放时代，2008(5)：31-51.
[84] 何阳，娄成武．精准扶贫中驻村“第一书记”的权责匹配冲突及耦合 [J]. 西南民族大学学报(人文社科版)，2019，40(4)：200-207.
[85] 何颖．政治学视域下工具理性的功能 [J]. 政治学研究，2010(4)：91-101.
[86] 何颖．论政治理性的特征及其功能 [J]. 政治学研究，2006(4)：107-113.
[87] 贺海波．精准扶贫中的国家治理能力分析：以陕西 M 县精准扶贫实践为例 [J]. 社会主义研究，2016(6)：102-108.
[88] 贺雪峰．村庄政治与善治 [J]. 云南行政学院学报，2016，18(6)：4-8.
[89] 侯竹青．1921—1935 年中共对“人民”概念的认知与定位 [J]. 党的文献，2018(3)：72-79.
[90] 黄爱教．精准扶贫的人权诉求、社会阻力及实现路径 [J]. 西北农林科技大学学报(社会科学版)，2017，17(2)：18-23.
[91] 黄鑫，邹统钎，储德平．旅游乡村治理演变机理及模式研究：陕西袁家村 1949—2019 年纵向案例研究 [J]. 人文地理，2020，35(3)：93-103.
[92] 黄志亮．高质量发展阶段的中国经济发展道路 [J]. 中国经济问题，2021(1)：5-16.
[93] 金东日．论机制 [J]. 广东社会科学，2014(5)：72-80.
[94] 靳永翥，丁照攀．贫困地区多元协同扶贫机制构建及实现路径研究：基于社会资本的理论视角 [J]. 探索，2016(6)：78-86.
[95] 李怀瑞，邓国胜．社会力量参与乡村振兴的新内源发展路径研究：基于四个个案的比较 [J]. 中国行政管理，2021(5)：15-22.
[96] 李里峰．工作队：一种国家权力的非常规运作机制：以华北土改运动为中心的历史考察 [J]. 江苏社会科学，2010(3)：207-214.
[97] 李棉管．技术难题、政治过程与文化结果：“瞄准偏差”的三种研究视角及其对中国“精准扶贫”的启示 [J]. 社会学研究，2017，32(1)：217-241，246.
[98] 李胜蓝，江立华．基于角色理论的驻村“第一书记”扶贫实践困境分析 [J]. 中国特色社

会主义研究，2018(6)：74-80.

[99] 李维意，刘文敏．马克思的发展哲学十论 [J]. 河北大学学报（哲学社会科学版），2009，34(5)：17-22.

[100] 李文钊．理解治理多样性：一种国家治理的新科学 [J]. 北京行政学院学报，2016(6)：47-57.

[101] 李振．制度学习与制度变迁：新制度主义进展 [J]. 比较政治学研究，2013(1)：53-62.

[102] 刘昶．迈克尔•曼论国家自主性权力 [J]. 上海行政学院学报，2016，17(1)：76-85.

[103] 刘建军．驻村“第一书记”的行动壁垒如何破 [J]. 人民论坛，2019(8)：33-35.

[104] 刘金海．工作队：当代中国农村工作的特殊组织及形式 [J]. 中共党史研究，2012(12)：50-59.

[105] 刘鹏．三十年来海外学者视野下的当代中国国家性及其争论述评 [J]. 社会学研究，2009，24(5)：189-213.

[106] 刘彦随．中国新时代城乡融合与乡村振兴 [J]. 地理学报，2018，73(4)：637-650.

[107] 卢俞成．“好发展”与美好生活：习近平关于共享发展理念重要论述的价值逻辑 [J]. 广西社会科学，2021(5)：31-38.

[108] 吕方，梅琳．“精准扶贫”不是什么？：农村转型视阈下的中国农村贫困治理 [J]. 新视野，2017(2)：35-40.

[109] 马得勇．历史制度主义的渐进性制度变迁理论：兼论其在中国的适用性 [J]. 经济社会体制比较，2018(5)：158-170.

[110] 穆军全．工具主义贫困治理的内在张力与反思：国家自主性的视角 [J]. 天津行政学院学报，2020，22(4)：12-20.

[111] 穆军全．政策试验的机制障碍及对策 [J]. 中国特色社会主义研究，2015(3)：57-62.

[112] 彭晓伟，林伯海．邓小平的城乡互动思想及其对统筹城乡发展的启示 [J]. 毛泽东思想研究，2012，29(4)：101-105.

[113] 彭亚平．技术治理的悖论：一项民意调查的政治过程及其结果 [J]. 社会，2018，38(3)：46-78.

[114] 邱耕田．发展哲学的五大前沿问题 [J]. 新疆师范大学学报（哲学社会科学版），2016，37(6)：29-37.

[115] 渠敬东，周飞舟，应星．从总体支配到技术治理：基于中国 30 年改革经验的社会学分析 [J]. 中国社会科学，2009(6)：104-127.

[116] 沈荣华，王扩建．制度变迁中地方核心行动者的行动空间拓展与行为异化 [J]. 南京师大学报(社会科学版)，2011(1)：14-22.

[117] 石冠峰，林志扬．组织结构设计的嵌入性思考 [J]. 现代管理科学，2009(8)：68-70.

[118] 宋道雷，郝宇青．当代中国政治议程的变迁与领导精英的转换 [J]. 福州大学学报（哲学社会科学版），2014，28(3)：83-89.

[119] 宋爽，王帅，傅伯杰．社会—生态系统适应性治理研究进展与展望 [J]. 地理学报，2019，74(11)：2401-2410.

[120] 孙宜芳．马克思恩格斯群众与人民概念的逻辑进路 [J]. 重庆社会科学，2017(7)：31-38.

[121] 孙宗锋,孙悦 . 组织分析视角下基层政策执行多重逻辑探析：以精准扶贫中的“表海”现象为例 [J]. 公共管理学报，2019，16(3)：16-26,168-169.

[122] 童春阳,周扬 . 中国精准扶贫驻村帮扶工作成效及其影响因素 [J]. 地理研究，2020，39(5)：1128-1138.

[123] 汪三贵,冯紫曦 . 脱贫攻坚与乡村振兴有效衔接的逻辑关系 [J]. 贵州社会科学，2020(1)：4-6.

[124] 王慧博 . 精准扶贫中存在的形式主义及其整治路径 [J]. 江西社会科学，2019，39(6)：237-245.

[125] 王浦劬,汤彬 . 当代中国治理的党政结构与功能机制分析 [J]. 中国社会科学，2019(9)：4-24+204.

[126] 王振坡，韩祁祺,王丽艳 . 习近平新时代中国特色社会主义城乡融合发展思想研究 [J]. 现代财经(天津财经大学学报)，2019，39(9)：3-11.

[127] 王志章,杨志红 . 西部地区脱贫攻坚与乡村振兴战略的融合之路：基于 10 省 85 村 1143 户的微观调查数据 [J]. 吉首大学学报(社会科学版)，2020，41(2)：71-81.

[128] 吴高辉 . 双重异化：中国精准扶贫中形式主义悖论的多案例比较 [J]. 甘肃行政学院学报，2019(2)：25-35,125-127.

[129] 吴理财,瞿奴春 . 反贫困中的政府、企业与贫困户的利益耦合机制 [J]. 西北农林科技大学学报(社会科学版)，2018，18(3)：115-122.

[130] 吴晓林 . 结构依然有效：迈向政治社会研究的“结构 - 过程”分析范式 [J]. 政治学研究，2017(2)：96-108,128.

[131] 吴正海,范建刚 . 资源整合与利益共享的乡村旅游发展路径：以陕西袁家村为例 [J]. 西北农林科技大学学报(社会科学版)，2021，21(2)：70-79.

[132] 谢小芹 .“双轨治理”：“第一书记” 扶贫制度的一种分析框架：基于广西圆村的田野调查 [J]. 南京农业大学学报(社会科学版)，2017，17(3)：53-62,156-157.

[133] 许经勇 . 新时代城乡融合发展的若干思考 [J]. 学习论坛，2020(1)：32-37.

[134] 杨帆,庄天慧 . 精准扶贫的理论框架与实践逻辑解析：基于社会发展模型 [J]. 四川师范大学学报(社会科学版)，2017，44(2)：37-43.

[135] 杨宏力 . 新中国农村基本经营制度变迁的历史逻辑、理论逻辑和实践逻辑 [J]. 现代经济探讨，2021(7)：112-122.

[136] 杨晓婷,陆镜名,刘奕辰,等 .“资本下沉” 赋能 “资源释放”：第一书记带动贫困村脱贫的行动逻辑与高效机制 [J]. 中国农村观察，2020(6)：49-67.

[137] 臧雷振,徐湘林 . 理解 “专项治理”：中国特色公共政策实践工具 [J]. 清华大学学报(哲学社会科学版)，2014，29(6)：161-170,181.

[138] 张洪新 . 驻村帮扶“接棒治理”的逻辑与归宿：基于豫南 L 行政村的田野调查 [J]. 西北农林科技大学学报(社会科学版)，2020，20(4)：43-55.

[139] 张慧鹏 . 毛泽东构建新型工农城乡关系的探索与启示 [J]. 马克思主义与现实，2017(6)：185-192.

[140] 张琦 . 稳步推进脱贫攻坚与乡村振兴有效衔接 [J]. 人民论坛，2019(S1)：84-86.

[141] 张贤明,张力伟 . 论责任政治 [J]. 政治学研究，2018(2)：89-97,127.

[142] 张现洪．技术治理与治理技术的悖论与迷思 [J]. 浙江学刊，2019（1）：160-165.

[143] 赵玉洁，李海青．使命型政党与人民群众：在自觉与自发之间：对马克思主义一个重大问题的思考 [J]. 南京师大学报（社会科学版），2020（1）：78-85.

[144] 郑文换．地方试点与国家政策：以新农保为例 [J]. 中国行政管理，2013（2）：16-20.

[145] 钟海．超常轨化运行：驻村工作队的角色塑造与运作逻辑：基于陕南 L 村的田野调查 [J]. 求实，2020（3）：95-108，112.

[146] 周常春，刘剑锋，石振杰．贫困县农村治理“内卷化”与参与式扶贫关系研究：来自云南扶贫调查的实证 [J]. 公共管理学报，2016，13（1）：81-91，156-157.

[147] 周雪光．运动型治理机制：中国国家治理的制度逻辑再思考 [J]. 开放时代，2012（9）：105-125.

[148] 周雪光．项目制：一个“控制权”理论视角 [J]. 开放时代，2015（2）：82-102.

[149] 周振，孔祥智．新中国 70 年农业经营体制的历史变迁与政策启示 [J]. 管理世界，2019，35（10）：24-38.

[150] 朱启臻．全面实施乡村振兴战略　破解新时代“三农”问题 [J]. 中国党政干部论坛，2021（5）：33-37.

[151] 左停，刘文婧，李博．梯度推进与优化升级：脱贫攻坚与乡村振兴有效衔接研究 [J]. 华中农业大学学报（社会科学版），2019（5）：21-28.

后　记

贫困是我抹不去的儿时记忆。看着面朝黄土背朝天，靠天吃饭的父辈们终日辛勤劳作但却苦苦挣扎在温饱线，我痛下决心，要拼尽全力走出大山、走出黄土地。由于身体原因，我没法选择像我的发小们那样通过尽早走向社会，靠打工发家致富的人生道路。为此我曾经也深深自责过，感觉自己二十多年的求学生涯给本就贫困的家庭增添了太多的负担。父母却不这么想，看着自己儿子书越读越“多”，虽然经济压力加大，但他们每每在村里人面前提及自己儿子是博士，脸上总是洋溢着无上的荣耀。

研究农村贫困问题可能是冥冥之中我的一种人生安排，也是我博士毕业后来到西北农林科技大学这所农业院校的选择。2016年，我从南开大学周恩来政府管理学院政治学理论专业博士毕业来到西部农村的一个“小镇”——陕西杨凌西北农林科技大学（简称西农）马克思主义学院任职。初来西农就感觉到莫名地亲近，想着我在西农可以为父亲和村里的大伯叔叔找到好多好的种子、化肥以及先进的农机技术，让他们种地不再那么辛苦。因为我出身农村，所以对大城市没有太多的向往，扎根杨凌，回报父母、造福乡里是我最初的，也是最终的夙愿。

我的专业是政治学理论，毕业后来到西农的马克思主义学院。如何结合自己所学成果开启教学与研究是每一位高校“青椒”面临的问题。而我选择了一条与众不同的道路。我在博士阶段的研究方向是中国政治思想史，按照常规思路我应该把传统文化与马克思主义中国化的精髓结合起来进行融合性研究。但是，我始终认为中国政治思想史的研究要出成果非得经历十余年的积累，否则写出来的东西就是既背离思想史又脱离现实，不伦不类。我唯恐写出来的思想史文章有辱师门，所以一直选择默默跟读老师和同门师兄的成果，自己却很少动笔。同时，为应对考核压力，我向工作单位靠拢，选择了研究“三农”相关的现实问题。2016年正值脱贫攻坚战略的实施的关键时期，我回乡与高中同学聚会，他们当中不少人都在家乡的乡镇和县级机关单位任职，也大都响应国家号召，参与到脱贫攻坚的伟大战略进程中来，不时地谈论下乡扶贫的苦乐酸甜、趣闻轶事。摆脱贫困曾是我儿时的梦想，回乡的见闻和职场新人的困惑等各种因素夹杂在一起，让我萌生了研究脱贫攻坚战略的冲动。当然，冲动归冲动，具体从什么视角切入则费了我一番功夫。我用了几个月的时间把当时研究农村贫困问题和国家脱贫攻坚战略的研究成果完整地梳理了一遍。通过对学术史的梳理，我模模糊糊感觉到在精准扶贫相关问题的研究上，马学科的成果更多的是阐释类，经济学和社会学等大部分是“问题—对策”类，而政治学相关成果虽然是阐释类和对策类两者兼而有之但又都不充分，存在较大的研究空间。

经过深思熟虑，我最终选择了自己有一点学术积累的国家自主性理论作为精准扶贫问题理论的切入点。在读博士期间，南开大学杨龙老师给博士生开设的比较政治研究课程上，当时我所在的小组汇报讨论时选择国家自主性理论。老师上课的要求比较严格，所以我们把国内外的国家自主性相关的研究成果、最新的理论进展以及各派的学术争议都梳理了一遍。

初入职场的我，一方面要应付巨大的讲课压力，另一方面也要发表论文求生存。因此，“国家自主性视域下精准扶贫的政府嵌入机制反思”这样的研究主题成了我的救命稻草。博士毕业一年半，连滚带爬度过了由博士生到讲师的过渡期。我于 2017 年完成的 C 刊文章《精准扶贫的政府嵌入机制反思——国家自主性的视角》在 2018 年发表，并以此为基础成功获批 2018 年教育部人文社会科学研究一般项目，这让我感受到了一点点收获的喜悦。

在进行项目研究这四年多来，我一直深感责任重大，暗下决心要把学术道路上的第一个省部级课题做好，为自己的学术生涯开个好头。到目前为止，围绕项目研究写的这 20 万字书稿算是对自己的一个交代。

感谢项目调研过程中遇到的包括我的老同学、老兄弟在内的扎根基层为脱贫攻坚战略顺利完成作出巨大贡献的第一书记、驻村工作队队员、村两委干部、老党员和村民。按照学术调研的基本伦理，我在书中都做了匿名处理。在与他们接触的过程中，我真实地感受到了人民公仆的本质。虽然，从理论视角，我会提出一些批判。但是，当我面对一个个鲜活的他们时，感受到正是他们的创新、努力甚至是无奈的坚持为国家整体的政策体制提供了足够的韧性，为政策的渐进性变迁创造了时间和空间。

感谢我的博士同学韩万渠教授（现任河南师范大学政治与公共管理学院副院长）、原珂副研究员（现任教于对外经济贸易大学），在项目申报过程中提供了很好的指导。

感谢西北农林科技大学马克思主义学院的领导和同事，特别是赵延安教授、方建斌教授、王海成教授、高小升教授、杨鹏教授、张龙博士、袁宝明博士。在项目的调研和书稿的写作过程中，他们提供了很多帮助，对书稿提出了一些宝贵的意见和建议。

感谢天津大学出版社的编辑们为本书的出版倾注了大量的劳动。

感谢我的研究生张葭蔚、杜馨儿、张芸嘉，她们在本书的写作过程中参与了一些文献资料的搜集和整理工作。

感谢我的家人，父母年迈，对于儿子的研究工作不太懂，也不知道儿子回乡或者下乡调研到底在做什么，但他们始终坚信儿子是好样的，永远都支持我的工作。感谢妻子李莉，她是我所写文字的第一位读者，也是一位严厉的审视者和批判者，她是我灵魂的依傍，她是我乏味学术生活的点睛者。没有她的陪伴，我的生活无处安放。

感谢本书写作过程中所引用和参考学术成果的学界同人。本书在写过程中，参考了很多同人们的学术成果，这些成果给我的学术创作很大的启发。由于时间仓促、学术水平有待提升，本书中难免有错漏之处，敬请广大读者及专家学者批评指正。

穆军全
2022 年 1 月 24 日